मिस्टर बी. ए.

मिस्टर बी. ए.

(The Bachelor of Arts का अनुवाद)

आर. के. नारायण

राजपाल

अनुवाद
महेन्द्र कुलश्रेष्ठ

1912-2012
100
वर्षों की
श्रेष्ठ प्रकाशन परम्परा
राजपाल

मूल्य : ₹ 225/- (दो सौ पचीस रुपये)

प्रथम संस्करण : 2011, द्वितीय आवृति : 2012

ISBN : 978-81-7028-911-1
MR. B.A. (Novel) by R.K. Narayan
Printed at Shiv Shakti Printers, Delhi

राजपाल एण्ड सन्ज़, कश्मीरी गेट, दिल्ली-6

website : www.rajpalpublishing.com
e-mail : sales@rajpalpublishing.com

भूमिका

कुछ लेखक ऐसे होते हैं—नाम लेना हो तो मैं दो नाम लूँगा, टॉल्सटाय और हेनरी जेम्स—जिन्हें हम भय की नज़र से देखते हैं; कुछ लेखक ऐसे होते हैं—जैसे तुर्गनेव और चेखव—जिनसे हम प्यार करते हैं; कुछ लेखकों की हम इज़्ज़त करते हैं—जैसे कोनराड—लेकिन ये हमें कई हाथ की दूरी पर खड़ा रखते हैं और अपनी 'विदेशी दरबारी अदा' से प्रभावित करते रहते हैं। नारायण—जिनका नाम इस सन्दर्भ में लेने से मैं हिचक नहीं रहा—मेरे मन में कृतज्ञता का एक झरना बहा देते हैं, क्योंकि उन्होंने मुझे एक दूसरा घर प्रदान किया है। उनके बिना मैं कभी यह नहीं जान पाता कि भारतीय होने का अर्थ क्या है।

किपलिंग द्वारा चित्रित भारत ब्रिटिश राज की रोमांटिक खेलगाह है। उनकी सर्वोत्तम कहानी *विदाउट बेनीफ़िट ऑफ क्लर्जी* मेरी आँखों में आँसू पैदा कर देती है, लेकिन वे आँसू नीचे नहीं गिरते—मैं उनके भारतीय चरित्रों पर विश्वास नहीं कर पाता, यहाँ तक कि *किम* भी मेरा सन्देह दूर नहीं करता। किपलिंग भारतीय शासकों को भी उतना ही रोमांटिक बनाकर पेश करता है, जितना वह ब्रिटिश साम्राज्य के शासकों को करता है। ई. एम. फॉर्स्टर अपने मित्र देवास के महाराजा को मज़ाकिया और कोमल अंदाज़ में चित्रित करता है, और भारत में रह रहे अंग्रेज़ों पर तीखे व्यंग्य करता है, लेकिन भारत उसकी पकड़ में नहीं आता। *ए पैसेज टु इंडिया* के बारे में उसने लिखा है : "मैंने भारत को एक गड़बड़ देश के रूप में दिखाने की कोशिश की है जिसकी व्याख्या नहीं की जा सकती, और इसके लिए एक ऐसी ही गड़बड़ को प्रस्तुत भी किया है।" किपलिंग या फॉर्स्टर के भारत में किसी को अपना घर नहीं प्राप्त होता।

शायद कोई भी लेखक विदेश के बारे में गहराई से नहीं लिख सकता—वह अपने देश पर उस देश के प्रभावों के बारे में, जो उसके यहाँ शरणार्थी के रूप में, या सरकारी नौकरों के रूप में, या यात्री के रूप में, रह रहे हैं, ही लिख सकता है। वह विदेश की भूमिका का स्पर्श भर कर सकता है। किपलिंग और फॉर्स्टर दोनों

हमेशा सामने आकर अपनी श्रेष्ठता का ऊलजलूल ढंग से प्रदर्शन करते हैं। लेकिन नारायण के उपन्यासों में, जिनके लेखकीय जीवन के आरम्भिक बारह वर्षों में ब्रिटिश साम्राज्य भारत में विद्यमान था, अंग्रेज़ों के चरित्र प्रमुख नहीं हैं। जो हैं वे काफ़ी नरम भी हैं—मुल्कराज आनन्द की तरह नारायण राजनीति से जुड़े नहीं रहे—लेकिन वे चरित्र बिलकुल भी महत्त्वपूर्ण नहीं हैं, जैसे *बैचेलर ऑफ़ आर्ट्स* के प्रोफेसर ब्राउन। किपलिंग शायद नारायण के उपन्यासों से नफ़रत करता, और उनकी शैली के उस भारतीय 'रंग' से भी जो उसे बहुत रोचक बना देता है। जैसे :

> *"माफ़ कीजिएगा, मैंने अपनी माँ के सामने वादा किया था कि शराब को ज़िन्दगी में कभी नहीं छुऊंगा," चन्द्रन ने कहा। कैलाश इससे बहुत प्रभावित हुआ। वह क्षणभर गम्भीर रहा, फिर बोला : तो मत पिओ। माँ बहुत पवित्र वस्तु होती है। उसका महत्त्व हम तब तक नहीं समझते, जब तक वह हमारे साथ रहती है। इसे समझने के लिए उसे खोना ज़रूरी है। अगर मेरी माँ ज़िन्दा रहती तो मैं कॉलेज पढ़ने जाता और इज़्ज़तदार आदमी बनता। तब मैं तुम्हें यहाँ नहीं मिलता।...अच्छा, अब तुम बताओ, मैं कहाँ जाऊँगा?" "मुझे नहीं पता।" "वेश्या के यहाँ।" यह कहकर वह फिर चुप हो गया, फिर एक आह भरकर बोला, "जब तक माँ जीवित रही, हमेशा कहती रही—यह मत करो, वह मत करो—और मैं उसका अच्छा बेटा बना रहा। उसके मरते ही मैं बदल गया। माँ बहुत कीमती चीज़ है, बहुत ज़्यादा कीमती।"*

मेरे जीवन में मालगुडी नगर का प्रवेश 1930 के दशक में हुआ। उस समय मैं लेखक को नहीं जानता था, जो मुझे बहुत बाद में उसकी आत्मकथा से पता चला, जिसनें इस समय किसी दूर के नगर में अपनी शिक्षक की नौकरी एक दिन अचानक छोड़कर बस से अपने गृह नगर मैसूर की राह ली—जो मालगुडी की दुनिया थी—और बिना कुछ ज़्यादा सोच-विचार किये अपना पहला उपन्यास *स्वामी एण्ड फ्रेंड्स* लिखना शुरू कर दिया, जिसके बारे में उसे आज यह भी पता नहीं होता था कि कल उसके चरित्रों के बारे में क्या लिखा जाएगा। मैं भी उन्हीं दिनों आक्सफोर्ड के एक फ्लैट में अपने उपन्यास *इट्'ज़ ए बैटिल फील्ड* पर काम कर रहा था, जिसके बारे में मुझे पहले ही लग रहा था कि यह सफल नहीं होगा।

"सवेरे कॉफ़ी पीकर नहाने के बाद"—यह नारायण का लक्ष्मीपुरम में कथन है—"मैं अपना छाता उठाकर घूमने निकल जाता था। धूप से बचने के लिए मुझे छाते की ज़रूरत होती थी। कई दफ़ा मैं पेन और पैड भी अपने साथ ले जाता, और चामुंडी हिल की ढलान पर किसी पेड़ के नीचे बैठ जाता और लिखने लगता। कई

दफ़ा मैं साइकिल उठाता और कारापुर फारेस्ट रोड पर दस मील चलकर सड़क किनारे किसी पुलिया पर बैठकर लिखता या जीवन और साहित्य के बारे में सोच-विचार करता, साथ ही किसी किसान को खेत में हल चलाते और बगल में बहती नहर के पानी को सूरज की किरणों में झिलमिलाता देखता रहता।''

इसी समय मैं भी अपने चरित्रों को यूस्टन रोड के पास बैटरसी और ब्लूम्स-बरी की सड़कों पर घूमते देखता रहता था। हम दोनों लिब्रा राशि में उत्पन्न हुए हैं और यदि, नारायण की तरह ज्योतिष को माना जाए, जिन्होंने मुझे अपनी जन्मकुंडली बनवाकर दी थी, हम दोनों को सितारों के अनुसार एक-दूसरे से मिलना ही था। एक दिन मेरा एक भारतीय मित्र, पूर्णा, एक पांडुलिपि लेकर आया, जो काफी घूमी-फिरी लगती थी और घिसी-पिटी भी थी—यह उसके एक मित्र का लिखा उपन्यास था—और यह मेरी मेज़ पर कई हफ्ते तक बिना पढ़े पड़ी रही—मुझे नहीं पता था कि आधा दर्जन प्रकाशक इसे अस्वीकृत कर चुके हैं और पूर्णा को लेखक का आदेश है कि इसे मैसूर वापस न भेजकर, एक पत्थर से बाँधकर वहीं टेम्स नदी में बहा दिया जाए। जो हो, मैं और नारायण इस प्रकार एक-दूसरे से आ जुड़े थे—सितारों में, जो एक भारतीय और एक लिब्रा राशि में जन्मे अंग्रेज़ का नियंत्रण करते हैं, आधा विश्वास करता हूँ—मैं *स्वामी* के लिए प्रकाशक ढूँढ़ पाने में सफल हुआ, और इस तरह मालगुडी ने, मेम्पी जंगल और नल्लप्पा की झाड़ी ने एलबर्ट मिशन स्कूल, मार्केट रोड इत्यादि सबने जन्म लिया—ये सब स्थान अब मेरे लिए बैटरसी या यूस्टन रोड से ज़्यादा परिचित हैं।

स्वामी एण्ड फ्रैन्ड्स से लेकर *दि पेन्टर आफ़ साइन्स* तक एक परम्परा में लिखे गए ग्यारह उपन्यासों में, मेरा ख्याल है, लेखक मालगुडी से ज़्यादा दूर नहीं गया है, हालाँकि उसका कोई चरित्र कभी भी हिन्दुस्तान में कहीं गायब हो जाता है, जैसे राजम, स्कूली छात्र स्वामी का दोस्त, जो ट्रेन में बैठने के बाद फिर लौटकर नहीं आता। हर साल नारायण मालगुडी के चरित्रों की संख्या बढ़ाते चले जाते हैं, ऐसे चरित्र जिन्हें हम भूल नहीं पाते। अपने दूसरे उपन्यास में—जो एक बहुत ही मनोरंजक और प्रसन्न कहानी है—चंद्रन आता है, जो *बैचेलर ऑफ़ आर्ट्स* के अंत में, एक सन्दिग्ध, शायद गलत भी, जन्मकुंडली के द्वारा सम्पन्न विवाह की उत्तेजना में न जाने कहाँ गुम हो जाता है। अपने तीसरे उपन्यास *दि इंग्लिश टीचर* में, मृत्यु में एक विवाह का अंत होता है, और बताता है कि नारायण लेखक के रूप में कितने विकसित हो चुके हैं, कि वे उदासी तथा हानि को भी निभाने में अब समर्थ हैं। *दि डार्क रूम* में दुख की घुमावदार कील और भी अन्दर प्रवेश करती है, कि प्रेम की मृत्यु की तुलना में प्रेम की हत्या कहीं अधिक त्रासद घटना है।

नारायण प्रेम की मृत्यु से परिचित हैं, और *दि इंग्लिश टीचर* उनकी दिवंगता पत्नी को समर्पित है। मालगुडी में गंभीरता तथा हास्य के वापस लौटने में कुछ वर्ष लगे, जब यह *दि फायनेन्शल एक्सपर्ट* में दोबारा सामने आया, जिसका आफ़िस एक बरगद के पेड़ के नीचे है, जिसमें अतिआशावादी फिल्म-निर्माता मि. सम्पत हैं; खोमचे वाले का बेटा माली है, जिसकी नई-निराली लिखने की मशीन है; साइन-पेन्टर रमन है जो ड़ेजी के प्रेम से आकर्षित अपना वास्तविक काम छोड़कर गाँवों में बर्थ कंट्रोल और नसबन्दी का प्रचार करने लगता है; और *दि मैनईटर ऑफ़ मालगुडी* का वासु है, जो नारायण के हास्य-चरित्रों में संभवतः सर्वश्रेष्ठ है।

दि बैचेलर ऑफ़ आर्ट्स लिखने के बाद नारायण में कुछ स्थायी परिवर्तन आ गया, लेकिन लेखक की व्यक्तिगत त्रासदी हमारे लिए लाभदायक साबित हुई। इससे बाद के उपन्यासों में उदासी और हास्य जुड़वाँ बच्चों की तरह एक साथ चलते हैं, एक-दूसरे से अभिन्न, जैसा चेखव की कहानियों में होता है। लेकिन यदि हम ज़रा ध्यानपूर्वक पढ़ते तो ज्ञात होता कि उनकी पिछली रचनाओं में भी स्थिति यही हैं। हर लेखक किसी आश्चर्यजनक ढंग से अपना भविष्य जानता है—उसका अंत उसके आरम्भ में ही स्पष्ट हो जाता है, जैसा जन्मकुंडली के आरम्भिक पृष्ठों में ही यह स्पष्ट होता है; और स्कूल का छात्र स्वामी, जो अपने दोस्त को जाते देखता हुआ सोच रहा है कि इसके साथ मैंने नाहक झगड़ा किया, जिस कारण वह देश के व्यापक विस्तार में न जाने कहाँ खो जाता है; उसने यही भाव कृष्ण के चरित्र में भी व्यक्त किया है, जो टायफायड से मर रही अपनी पत्नी को देखते हुए महसूस करता है। पाठक इस क्षण यह प्रश्न करना चाहता है, कि क्या कल्पना में किया गया अनुभव पर्याप्त नहीं है? लेखक अपने चरित्रों का कष्ट स्वयं अपने भीतर भी क्यों अनुभव करना चाहता है?

—ग्राहम ग्रीन

1

चन्द्रन कॉलेज यूनियन की सीढ़ियाँ चढ़ ही रहा था, कि यूनियन के सेक्रेटरी नटेसन ने उसे झपट कर पकड़ लिया, और कहा, "मैं तुम्हारी ही तलाश कर रहा था। अपना पुराना वादा याद है?"

"नहीं", चन्द्रन ने बचाव करने के ख्याल से फ़ौरन जवाब दिया।

"तुमने कहा था कि जब कभी मुझे वक्ता की ज़रूरत हो, मैं तुम्हें ले सकता हूँ। इस वक्त मुझे तुम्हारी सख्त ज़रूरत है। कल शाम की भाषण-प्रतियोगिता में विषय का प्रवर्तन करने के लिए मुझे कोई नहीं मिल रहा। विषय है कि इस सभा के मत में इतिहासकारों का क़त्ल सबसे पहले किया जाना चाहिए। इस पर तुम्हें बोलना है। शाम को पाँच बजे।" यह कहकर उसने चलने की कोशिश की लेकिन चन्द्रन ने उसका हाथ पकड़कर उसे रोक लिया : "मैं इतिहास का विद्यार्थी हूँ। मैं इस पर नहीं बोल सकता। क्या विषय चुना है! मेरा प्रोफ़ेसर मुझे कच्चा चबा जाएगा।"

"इसकी फ़िक्र मत करो। मैं उसे निमन्त्रित ही नहीं करूँगा।"

"कोई और विषय क्यों नहीं लेते?"

"अब यूनियन का प्रोग्राम बदला नहीं जा सकता।"

चन्द्रन ने मिन्नत की : "किसी और दिन किसी और विषय पर बुलवा लेना।"

'असम्भव,' सेक्रेटरी ने कहा और अपने को उसकी पकड़ से छुड़ा लिया।

चन्द्रन फिर बोला, "तो फिर मुझे विरोध पक्ष में रख दो।"

"तुम प्रवर्तन बहुत शानदार करते हो। नोटिस घंटे भर में जारी हो जाएगा। कल शाम पाँच..."

चन्द्रन घर लौट गया और सारी रात सपने देखता रहा कि कुल्हाड़ी से अपने इतिहास के प्रोफ़ेसर पर हमला कर रहा है। सबेरे बैठकर भाषण की तैयारी शुरू की। कागज़ लिया और उस पर लिखने लगा :

"इति...कारों का पहले क़त्ल करना चाहिए। दूसरे नम्बर पर किनका करना

होगा? वैज्ञानिकों का या बढ़इयों का? अगर बढ़ई मार दिए गए तो चाकू में हैंडिल कौन बनाएगा? लेकिन सवाल यह भी है कि किसी को मारने की ज़रूरत ही क्या है? बीच-बीच में एक-दो मज़ाकिया कहानियाँ भी डालनी पड़ेंगी। जैसे, एक इति...कार को अपने बगीचे में खुदाई करते वक्त दो पुराने सिक्के मिले, जो किसी न किसी प्राचीन सभ्यता के बीच की कड़ी थे; लेकिन, यह क्या हुआ कि साफ करने पर वे पुराने सिक्के न होकर दो पुराने बटन निकले...नहीं, यह कहानी बेकार-सी है। बेवकूफ़ी की कहानी! अब मैं क्या करूँ? ऐसी किताब कहाँ से लाऊँ जिसमें इतिहास की मज़ाकियाँ बातें लिखीं हो? किसी अखबार से लिखकर पूछूँ, 'सर, आप या आपके लाखों पाठकों में से कोई मुझे किसी ऐसी किताब का नाम बता सकता है? घंटे भर तक चन्द्रन ऐसी बातें लिखता रहा, फिर रुक गया। फिर वह अपना अब तक का लिखा सब बड़े ध्यान से पढ़ने लगा। उसे अचानक यह ज्ञान हुआ कि जब कागज़ पर लिखने के लिए कलम पकड़ता है, तब उसका दिमाग़ बड़ी तेज़ी से काम करने लगता है, लेकिन जब वह बैठकर सिर नीचा करके कुछ सोचने की कोशिश करता है, तब वह एकदम ठप हो जाता है। उसे लगा कि उसे यह बहुत महत्त्वपूर्ण बात ज्ञात हुई है।

उसने कुर्सी सरकाई, उठकर कोट पहना और बाहर निकल गया। दो घंटे इधर-उधर घूमने के बाद जब वापस लौटा, तब तक उसे अपने विषय के समर्थन में केवल एक सही-सा तर्क प्राप्त हुआ था—कि, उनका क़त्ल करने के बाद जब वैज्ञानिकों, कवियों और राजनेताओं का क़त्ल किया जाएगा, तब घटना को गलत ढंग से पेश करने के लिए वे वहाँ नहीं रहेंगे। यह तर्क उसे बहुत वज़नदार लग रहा था, उसे लगा कि इसे सुनकर सारे श्रोता हँस-हँसकर लोट-पोट होने लगेंगे...

चन्द्रन ने कॉलेज का नोटिस बोर्ड देखने में पूरा आधा घंटा बिताया। एक नोटिस में उसका नाम लिखा था। इसे पढ़कर वह गम्भीर चेहरा लिए कारीडोर में इधर-उधर घूमा, फिर क्लास में दाखिल हो गया। प्रोफ़ेसर का लेक्चर सुनने में और उसके नोट्स लेने में उसका ध्यान नहीं लग रहा था। घंटा खत्म हुआ और प्रोफ़ेसर क्लास से बाहर चला गया, तब उसने अपनी कलम का ढक्कन बन्द किया, और इतिहासकारों के क़त्ल के विषय में फिर सोचना शुरू कर दिया। उसने इसका विश्लेषण लिखना शुरू किया ही था, कि तीन बेंचें आगे बैठे रामू ने ज़ोर से कहा, "जब तक ब्राउन आते नहीं, हम बाहर का एक चक्कर लगा आयें?"

"नहीं।"

"क्यों?"

"तुम चाहो तो घूम आओ" चन्द्रन ने तल्खी से कहा।

"हाँ, और तुम यहाँ बैठे ऊँघते रहो," यह कहकर रामू तेज़ी से बाहर निकल गया। चन्द्रन को बड़ी शान्ति महसूस हुई और वह भाषण के विषय पर फिर से ध्यान लगाने की कोशिश करने ही लगा था, कि किसी ने पीछे आकर कहा, कि मुझे क्लास के अपने नोट्स दे देना, किसी और ने कुछ और मांग रख दी और किसी और ने कोई एकदम नई बात ही छेड़ दी। यह तब तक ऐसे ही चलता रहा, जब तक कॉलेज के प्रिंसिपल, प्रोफ़ेसर ब्राउन बगल में बहुत सी किताबें दबाये क्लास में नहीं घुस आए। ग्रीक ड्रामा का यह पीरियड बहुत महत्त्वपूर्ण था, और चन्द्रन को एक बार फिर अपने भाषण के विषय से दिमाग़ को अलग करना पड़ा।

पीरियड खत्म होते ही चन्द्रन ने लायब्रेरी का रुख किया और सूचीपत्र को ध्यान से देखने लगा। उसने बहुत सी अलमारियाँ खोलीं और किताबें निकाल-निकाल देखीं, लेकिन किसी में से भी उसे अपने काम की कोई चीज़ नहीं मिली। भाषण का विषय भी एकदम अनोखा था, इतिहास पर तो वहाँ ढेरों किताबें थीं लेकिन इतिहासकारों के क़त्लेआम पर कहीं ज़रा सी भी सामग्री नहीं थी।

तीन बजे वह घर लौट आया। भाषण के लिए अभी दो घंटे बाक़ी थे। उसने अपनी माँ से कहा, "पाँच बजे मुझे भाषण-प्रतियोगिता में हिस्सा लेना है। तैयारी करने अपने कमरे में जा रहा हूँ। कोई दरवाज़ा न खटखटाये और न खिड़की के पास शोर करे।"

साढ़े चार बजे वह कमरे से बाहर निकला, हॉल में तेज़ी से कई चक्कर लगाये, फिर बाथरूम का दरवाज़ा धक्का देकर खोला, मुँह को पानी छिड़ककर धोया, और कमरे में वापस घुस गया। फिर सावधानी से बाल काढ़े, चाकलेटी रंग का ट्वीड का कोट पहना—जिसे वह विशेष अवसरों के लिए सँभालकर रखता था—और फुर्ती से घर से बाहर निकल गया।

सेक्रेटरी नटेसन ने, जो यूनियन के बरांडे में पसीने से तर लोगों का इन्तज़ार कर रहा था, चन्द्रन को देखते ही आगे बढ़कर उसका हाथ पकड़ा और हॉल में ले जाकर मंच के सामने वक्ताओं के लिए विशेष रूप से रखी कुशन लगी कुर्सियों में से एक पर बिठा दिया। चन्द्रन ने रूमाल निकालकर चेहरा पोंछा और चारों तरफ़ नज़र डाली। हॉल में करीब एक हज़ार लोगों के बैठने की जगह थी, और वहाँ ज़्यादा भीड़ नज़र नहीं आ रही थी। पचास के करीब लड़के छोटी क्लासों के और बीस फाइनल ईयर के थे। नटेसन ने उसके कंधे पर झुककर धीरे से कहा, "काफ़ी लोग हैं!" यूनियन के भाषणों के लिए इतने श्रोता काफी ज़्यादा माने जाते थे।

बाहर घर-घर करती एक गाड़ी आकर रुकी। सेक्रेटरी दौड़कर हॉल से बाहर निकला, और क्षण-भर बाद चेहरे पर हल्की-सी मुसकान लिए, अपने पीछे प्रोफ़ेसर ब्राउन को लेकर लौटा। वह उन्हें मंच पर रखी ऊँची कुर्सी तक ले गया, और उनके बैठते ही धीरें से बोला, "अब कार्यवाही आरम्भ करें।" प्रोफ़ेसर ब्राउन तुरन्त उठ खड़े हुए और घोषणा की, "मैं श्री एच. वी. चन्द्रन को विषय प्रस्तुत करने के लिए आमन्त्रित करता हूँ।" यह कहकर वे एकदम बैठ गए।

श्रोताओं ने तालियाँ बजाईं। चन्द्रन उठा, मेज़ पर रखे पेपरवेट पर नज़र केन्द्रित की और बोलना आरम्भ किया, "स्पीकर महोदय, मुझे विश्वास है, कि यह सदन, जो अपनी सहज बुद्धि और गम्भीरता के लिए विख्यात है, मेरा इस वक्तव्य के लिए पूरा समर्थन करेगा, कि दुनिया के इतिहासकारों का क़त्ल सबसे पहले किया जाना चाहिए। मैं इतिहास का ही विद्यार्थी हूँ, इसलिए इसका महत्व जानता हूँ...।

बीस मिनट तक वह इसी प्रकार धाराप्रवाह बोलता रहा, और बीच-बीच में श्रोता जब भी उसकी किसी चटपटी बात पर तालियाँ बजाते, उसका उत्साह भी एकदम बढ़ जाता।

उसके बाद विरोध पक्ष का मुख्य वक्ता खड़ा हुआ, और वह भी बीस मिनट तक इसी प्रकार बोलता रहा। चन्द्रन को यह देखकर कुछ निराशा हुई कि श्रोताओं ने उसके भाषण पर भी उसी तरह तालिया बजाईं। इसके बाद दोनों मुख्य वक्ताओं के समर्थक दस-दस मिनट तक बोले और ज़्यादातर उन्हीं बातों को दोहराते रहे जो उनके प्रमुख वक्ता कह गये थे। वक्ता जब भी बोलने खड़ा होता, हॉल में शोर मचने लगता, और प्रिंसिपल साहब घंटी बजाकर ज़ोर से चिल्लाते, "आर्डर! आर्डर!"

चन्द्रन को बोरियत हो रही थी। अब चूँकि उसका अपना भाषण खत्म हो गया था, उसे लगने लगा था कि और लोग बेकार की बकवास कर रहे हैं। वह हॉल में चारों तरफ़ नज़रें दौड़ाने लगा। फिर मंच पर बैठे स्पीकर पर नज़र डाली। प्रोफ़ेसर ब्राउन के लाल चेहरे को देर तक देखता रहा। उसने सोचा, कि यहाँ तो यह भाषण सुनता और घंटी बजाता नज़र आ रहा है, लेकिन वास्तव में इसका दिमाग़ यहाँ नहीं है, वह इंग्लिश क्लब के टेनिस कोर्ट और ताश खेलने की मेज़ पर लगा है—यहाँ यह हमारे लिए प्यार के कारण नहीं बैठा है, सिर्फ दिखावे के लिए बैठा है। सारे यूरोपियन ऐसे ही हैं। ये सब महीने में हज़ार* रुपये की पगार जेब में डालते हैं लेकिन भारतीयों के लिए सच्चे मन से कुछ भी नहीं करते। यह पैसा इन्हें इंग्लिश क्लब में मौज करने के लिए दिया जाता है। और ये, अपने क्लबों में भारतीयों को क्यों नहीं शामिल होने देते? ज़बरदस्त रंग भेद है यह! अगर कभी सत्ता मेरे हाथ

---

* जो अंग्रेज़ों के शासन-काल में बहुत बड़ी रकम थी—अनुवादक

में आई तो पहला काम मैं यही करूँगा कि इनके अलग क्लब खत्म कर दूँगा और भारतीयों के साथ साझा सबके क्लब ही चलने दूँगा। हाँ, ठीक है कि अपने घरों से हज़ारों मील दूर काम कर रहे इन बेचारे हमारे शासकों को शाम के वक्त खेलने के लिए भी कुछ समय दे दिया जाए! लेकिन, इन्हें यहाँ बुलाया किसने था?

वह इस तरह अकेला यह सब सोचने में लगा था, कि प्रोफेसर ब्राउन की आवाज़ उसे सुनाई दी : "विरोध पक्ष के मुख्य वक्ता के अलावा सदन के सदस्यों ने इस विषय पर अपना मत प्रस्तुत कर दिया है, अब मैं विषय के मुख्य वक्ता श्री चन्द्रन को प्रतिपक्ष का उत्तर देने के लिए आमंत्रित करता हूँ...इसके बाद मतदान होगा।

चन्द्रन ने चौंककर सिर उठाया, कागज़ पर तेज़ी से एक-दो शब्द खरोंचे, और खड़े होकर बोलना शुरू किया, "स्पीकर महोदय और सदन के माननीय सदस्यगण, मैंने बड़े ध्यानपूर्वक माननीय सदस्यों के इस विषय पर प्रस्तुत विचार सुने हैं। इससे विषय-प्रवर्तक के रूप में मेरा कार्य बहुत आसान हो गया है। मुझे पूरा विश्वास है कि इस विषय पर होने वाले मतदान में...।" इस प्रकार वह तब तक बिना रुके बोलता रहा जब तक स्पीकर ने घंटी नहीं बजा दी। लेकिन खत्म करते हुए उसने उस प्रोफ़ेसर की कहानी भी सुना डाली जो सिक्कों के धोखे में बटन खोद लाया था।

इसके बाद मतदान हुआ और सदन ने ज़बरदस्त बहुमत से इतिहासकारों के तुरन्त क़त्लेआम का समर्थन कर दिया। चन्द्रन को जीतने की अपार प्रसन्नता हुई। उसने बड़े नाटकीय ढंग से मेज़ के आर-पार अपना हाथ फैलाया और विपक्ष के मुख्य वक्ता से उसे झकझोर कर मिलाया।

अब प्रोफ़ेसर ब्राउन उठे और उन्होंने कहा कि तकनीकी दृष्टि से तो उन्हें बोलना ही नहीं चाहिए—लेकिन फिर उन्होंने पाँच मिनट तक यह बताया कि इतिहासकारों का एकदम क्यों क़त्ल कर दिया जाना चाहिए, और इसके बाद इसी तरह पूरे पाँच मिनट तक यह भी बताया कि उनकी पूजा क्यों की जानी चाहिए। उन्होंने क़त्ल के पक्ष में रखे गए शानदार तर्कों की प्रशंसा की और इसी तरह इन्हें काटने वाले तर्कों को भी बहुत ज़ोरदार और उतना ही शानदार घोषित किया।

इसके बाद जैसे ही वे बैठे, सेक्रेटरी उछलकर माइक के सामने जा खड़ा हुआ और धन्यवाद के शब्द बुदबुदाने लगा—लेकिन प्रस्ताव पूरा होने से पहले ही हॉल खाली हो चुका था और उसमें शान्ति छा गई थी।

रोशनियाँ बुझने लगीं तो चन्द्रन हॉल के दरवाज़े पर कुछ देर ठिठका; थका-माँदा नटेसन मेज़ से पेपरवेट उठाकर उस पर बिछी चादर हटा रहा था। उन्हें स्टोर में रखकर वह बाहर निकला तो चन्द्रन ने पूछा, "मेरी तरफ चलना है?"

"हाँ।"

सीढ़ियों से उतरते हुए सेक्रेटरी कह रहा था, "मीटिंग खत्म हो गई।" चन्द्रन उम्मीद कर रहा था कि वह उसके भाषण के बारे में कुछ कहेगा—लेकिन सेक्रेटरी का दिमाग अपने ही विचारों में घूम रहा था। वह बोला, "मैंने यह काम पता नहीं क्यों ले लिया। अपनी पढ़ाई के लिए वक्त ही नहीं मिल पाता। अगस्त चल रहा है और पॉलिटिकल फ़िलॉसफी किस चिड़िया का नाम है, मैं नहीं जानता।"

चन्द्रन को उसकी इन समस्याओं से कोई मतलब नहीं था। वह चाहता था कि सेक्रेटरी उसके भाषण के बारे में कुछ मत व्यक्त करे। इसलिए उसने कहा, "तुम्हें किसी ने सेक्रेटरी बनने का न्यौता तो नहीं दिया था। भूल गये, चुनाव के वक्त वोट पाने के लिए तुमने मिन्नतें कीं, वोट खरीदे और चुराये भी थे?

"मैं तुम्हारी बात मानता हूँ," सेक्रेटरी बोला, "लेकिन अब बताओ, क्या किया जाए?"

"इस्तीफ़ा दे दो', 'चन्द्रन ने जवाब दिया। अपने भाषण में सेक्रेटरी की कोई रुचि न देखकर उसे बड़ी तकलीफ़ हो रही थी। प्रतियोगिता से पहले उससे बुलवाने के लिए वह कितना गिड़गिड़ाया था, और अब काम पूरा हो जाने के बाद उसे यह एकदम भूल गया है।

"मैं तुम्हें एक रहस्य की बात बताऊँ," सेक्रेटरी बोला, "अगर मैं यूनियन के चुनाव से बाहर रहता, तो मैं सत्तर रुपये के करीब बचा लेता।"

"यह किस तरह?"

"मेरा हर वोट कॉफ़ी और जलपान कराकर खरीदा गया था। उस महीने मेरा रेस्तराँ का बिल सत्तर रुपये आया। पिताजी ने गाँव से मुझे लिखा कि रुपये यहाँ सड़क पर पड़े मिलते हैं क्या?"

चन्द्रन को यह बात सुनकर उससे सहानुभूति हुई, लेकिन फिर भी यह दर्द बना रहा कि यह मेरे भाषण को एकदम भूल गया। इसलिए अब इस विषय को उठाने का कोई मतलब नहीं था। शिकायत करते रहना उसके स्वभाव का हिस्सा था। उसके सारे कर्ज़े चुका दो और दुनिया का सारा आराम उसे दे दो, फिर भी शिकायत के लिए कुछ-न-कुछ जरूर ढूँढ़ लेगा।

"मैंने अभी तक रेस्तराँ का बिल नहीं चुकाया है...," उसने फिर कहना शुरू किया। लेकिन चन्द्रन ने इस पर ध्यान नहीं दिया और अचानक पूछ बैठा, "अच्छा, ब्राउन की स्पीच कैसी लगी?"

"हमेशा की तरह मज़ाकिया," उसने उत्तर दिया।

"यह तुम्हारा बेवकूफ़ी का विश्वास है कि वह जो भी बोलता है, मज़ाकिया होता है। उसके ओंठ चलाते ही तुम लोग हँसी से लोट-पोट होने लगते हो।"

"क्या फ़िजूल की बात कर रहे हो!"

"मैं मानता हूँ कि कभी-कभी वह ज़रूर अच्छी मज़ाकिया बात कह जाता है, लेकिन..."

"यह तो तुम्हें मानना ही होगा कि ब्राउन प्रिंसिपल बढ़िया है। उसने अध्यक्षता करने से कभी भी इनकार नहीं किया है।"

"तुम्हें आदमी की यही बात इतनी अच्छी लग जाती है। अध्यक्षता के लिए हाँ कहना–बस! इससे कुछ साबित नहीं होता।"

"नहीं, नहीं। मेरा मतलब सिर्फ यह है कि वह बहुत हँसमुख आदमी है।"

"पाखंडी है वह, अच्छी तरह समझ लो," चन्द्रन ने कहा। "हज़ार रुपये महीने कमाता है, इसलिए हँसमुख तो होगा ही। लेकिन दिल से एकदम मकसार है।"

अब तक वे मार्केट रोड आधी पार कर चुके थे। आगे चौक पर फ़व्वारे के पास पहुँचे, तो चन्द्रन को महसूस हुआ कि दोनों बेकार की बहस में वक्त और ताक़त बरबाद कर रहे हैं। कुछ कदम और आगे जाते ही वे कबीर स्ट्रीट पहुँच जाएँगे। कुछ क्षण और बहस होगी और दोनों अपनी-अपनी गलियों के अँधेरे में गुम हो जाएँगे। इसलिए उसने अपनी बात का अन्तिम फैसला करने के उद्देश्य से तुरन्त सवाल कर दिया : "अच्छा, सेक्रेटरी, अब यह बताओ कि मेरी स्पीच तुम्हें कैसी लगी?"

यह सुनते ही सेक्रेटरी एकदम रुक गया और चन्द्रन का हाथ पकड़कर कहने लगा, "बड़ी ज़बरदस्त थी तुम्हारी स्पीच। तुम उस वक्त ब्राउन का चेहरा देखते, जो एकटक तुम्हें देखे जा रहा था। वह स्पीकर की कुर्सी पर न बैठा होता तो ज़रूर तालियाँ बजाता...और मुझे प्रोफ़ेसर और उसके बटन वाली कहानी तो बेहद शानदार लगी। ऐसी बातें ज़रूर होती हैं, हो सकती हैं। बढ़िया स्पीच थी, बहुत ही बढ़िया। बहुत कम लोगों को यह वरदान मिलता है।"

जब वे कबीर स्ट्रीट पहुँचे, चन्द्रन ने बड़ी मुलायमियत से पूछा, "तुम यहाँ रहते हो?"

"हाँ।"

"परिवार के साथ?"

"वह गाँव में हैं। मैंने किसी के घर में एक कमरा ले लिया है। तीन रुपये किराया है। छोटा-सा कमरा है।"

"और खाना?"

"होटल में खाता हूँ। कुल मिलाकर पन्द्रह रुपये आते हैं। खाना एकदम घटिया है, कमरा भी अच्छा नहीं है। लेकिन क्या करूँ? चुनाव के बाद पिता जी ने पैसे भेजना कम कर दिया, तो मुझे कॉलेज का होस्टल छोड़ना पड़ा। किसी दिन मेरे यहाँ आओ!"

"ज़रूर आऊँगा, बड़ी खुशी से!" चन्द्रन बोला।

"अच्छा, गुड नाइट!"

सेक्रेटरी कबीर स्ट्रीट पर कुछ ही कदम आगे बढ़ा होगा, कि चन्द्रन ने अचानक उसे पुकारा, "सुनो, सेक्रेटरी!" वह वापस लौटा, "मैंने इस्तीफ़ा देने की बात गम्भीरता से नहीं की थी। सिर्फ मज़ाक था।"

"ठीक है, जानता हूँ मैं," सेक्रेटरी ने जवाब दिया।

"एक बात और," चन्द्रन कहता रहा, "यह भी मत सोचना कि ब्राउन मुझे नापसन्द है। मैं तुम्हारी इस बात से पूरी तरह सहमत हूँ कि वह खुशमिजाज़ आदमी है। उसके मज़ाक शानदार होते हैं। विद्वान भी है। ड्रामा खुद पढ़ाता है, यह बड़े भाग्य की बात है। मैं सिर्फ यह कह रहा था कि जब वह गम्भीर बात कहता है, तब भी लोग हँसने लगते हैं। मुझे गलत मत समझना।"

"अरे, बिलकुल भी नहीं," सेक्रेटरी ने कहा और क़बीर स्ट्रीट के अँधेरे में गुम हो गया।

चन्द्रन को सड़क का चौथाई हिस्सा अभी भी पैदल पार करना था। दो-चार टिमटिमाते म्युनिसिपैलिटी के लैम्प और सड़क के किनारे लगी दुकानों पर टँगे गैस के हंडों से रोशनी हो रही थी। सेक्रेटरी के बारे में सोचता हुआ चन्द्रन आगे बढ़ता रहा। बेवकूफ है काफ़ी! हमेशा मुश्किल में रहता है और शिकायतें करता रहता है। उधार लेता रहता होगा। हर जगह से कुछ-न-कुछ उधार लिया होगा, और रद्दी से कमरे में रद्दी-सा खाना खाते हुए ज़िन्दगी गुज़ार रहा है। गाँव में कंजूस बाप और यहाँ सेक्रेटरी का काम, यह इम्तहान कैसे पास करेगा? यूँ आदमी बुरा नहीं है। काफ़ी समझदार भी लगता है।

उसके पैरों ने मशीन की तरह उसे लॉली एक्सटेंशन पहुँचा दिया। सेकिंड क्रास रोड पर आखिरी बंगला था उसका। इससे पहले वाले मकान पर पहुँचकर उसने आवाज़ लगाई, 'रामू!'

भीतर से आवाज़ आई, 'आया।'

रामू बाहर निकला, तो चन्द्रन ने पूछा, "तुम नहीं आए मीटिंग में?"

"मैं आ रहा था, लेकिन माँ ने कहा कि मुझे बाज़ार ले चलो। कैसा रहा प्रोग्राम?"

"मेरा ख्याल है, काफ़ी अच्छा रहा। प्रस्ताव पास हो गया।"

"सचमुच?' रामू ने खुश होकर कहा और चन्द्रन का हाथ पकड़कर झकझोर दिया। दोनों इतने उत्तेजित थे, मानो दिल्ली की राष्ट्रीय असेम्बली में वित्त विधेयक पास हो गया हो!

चन्द्रन बोला, "मेरी स्पीच भी बुरी नहीं रही। ब्राउन ने अध्यक्षता की। मुझे बताया गया कि उसे भी बड़ी पसन्द आई।"

"भीड़ काफ़ी थी?"

"अच्छी थी। दो लाइनें एकदम भरी हुई थीं। तुम्हें भी आना चाहिए था।"

"और लोग कैसा बोले?"

"इसका वोटिंग से पता चल जाएगा। अंत में ब्राउन ने भी शानदार भाषण दिया। ज़बरदस्त हँसी-मज़ाक से भरपूर।"

चन्द्रन ने पूछा, "रात की पिक्चर देखने चलोगे?"

"नौ बज गये हैं।"

"कोई बात नहीं। तुमने खाना खा लिया है। मैं भी पाँच मिनट से ज़्यादा नहीं लूँगा। कोट पहनकर आ जाओ।"

रामू ने पूछा, "टिकट तो तुम ही खरीदोगे?"

'हाँ, और क्या," चन्द्रन ने जवाब दिया।

चन्द्रन फाटक के पास पहुँचा, तो उसने देखा कि पिता जी बरांडे में चहलक़दमी कर रहे हैं। देर से लौटने पर उन्हें परेशानी होने लगती थी। फाटक की ज़ंजीर उठाने से पहले चन्द्रन एक क्षण के लिए ठिठका। उसने फाटक ज़रा सा खोला, धीरे से भीतर गया और बिना आवाज़ किये ज़ंजीर लगा दी। उसकी इच्छा हुई कि चुपचाप बंगले के पीछे पहुँच जाए और वहाँ के दरवाज़े से पिता की जानकारी के बिना भीतर चला जाए। लेकिन आत्मसम्मान की भावना ने उसे रोक दिया। उसे लगा कि अब तक इस तरह करना एक तरह की कायरता थी जो बचपन में ही ठीक लग सकती है, अब बड़े हो जाने पर उसे शोभा नहीं देती। अब उसकी उम्र अठारह नहीं, इक्कीस थी। इस उम्र में माँ-बाप से डरना और उनसे बचकर काम करना! अब जल्दी ही वह ग्रेजुएट हो जाएगा, और बढ़िया वक्ता तो वह हो ही गया है!

छिपकर घर आने की भावना सचमुच बचकानी थी। इसका पूरा प्रतिकार करने के लिए उसने काफ़ी ज़ोर-शोर से फाटक की ज़ंजीर उठाई और उसी तरह आवाज़ करते हुए नीचे गिरा दी। फाटक की ज़रा सी भी आवाज़ पिताजी को चौंका देती थी, और इसे सुनकर जैसे ही उन्होंने इस दिशा में नज़र फेरी, चन्द्रन ज़रा ज़्यादा ही लम्बे कदमों और आज़ादी से उनकी तरफ चला–हालाँकि मन में वह यही सोचता रहा कि आज यह नाटक उसे नहीं करना चाहिए था। आज वह पहले से कहीं ज़्यादा देर से घर में दाखिल हो रहा था, साथ में रात को सिनेमा देखने का प्रोग्राम भी बना लाया था। ज़ाहिर है कि पिता जी उसे रोकते और ढेर सारे सवाल करते।

वह वरांडे की सीढ़ियों पर चढ़ने लगा तो पिताजी ने कहा, "नौ बज रहे हैं।"

"पिताजी, मैं डिबेट में बोला था। उसमें देर हो गई है।"

"अच्छा, कैसी रही तुम्हारी स्पीच?"

चन्द्रन ने उसका ब्यौरा दिया, साथ ही सिनेमा जाने के लिए देर हो रही थी, यह भी सोचता रहा। पिताजी रात का शो देखने के सख़्त खिलाफ़ थे।

उन्होंने कहा, "यह अच्छा हुआ। अब जाकर खाना खाओ। माँ इन्तज़ार कर रही है।"

चन्द्रन भीतर जाते हुए एक क्षण ठिठका और बोला, "पिताजी, रामू अभी यहाँ आएगा। उससे इन्तज़ार करने के लिए कहें।"

"ठीक है।"

"रात को हम सिनेमा देखने जा रहे हैं...डिबेट के बाद बहुत अच्छा लग रहा है।"

"हूँ...। लेकिन इसकी आदत मत डाल लेना। इससे सेहत पर खराब असर पड़ता है।"

तब तक वह रसोईघर में पहुँच गया था और पत्ता सामने रखे जल्दी करने के लिए रसोइये को आवाज़ लगा रहा था।

रसोइये ने कहा, "माँ को बुला लीजिए। बड़ी देर से इन्तज़ार कर रही हैं।"

"अच्छा, लेकिन मेरे लिए दही-चावल जल्दी लाओ।"

फिर उसने माँ को आवाज़ लगाई। वह पीछे के वरांडे में बैठी, माला हाथ में लिये, और दूर खड़े नारियल के पेड़ों को देखती, राम का नाम जप रही थी। इस तरह वह प्रकृति का सौन्दर्य निहारने के साथ-साथ पति, पुत्र, परिवार और व्यापक संसार के बारे में उसके हित की कामना भी कर रही थी। बेटे की आवाज़ सुनकर वह रसोई की तरफ़ चली।

चन्द्रन तब तक खाना खा चुका था। वह पूजा के कमरे में गई, खूँटी पर माला लटकाई, भगवान की मूर्ति के सामने सिर झुकाया, और इसके बाद अपने पत्ते के सामने आकर खाने के लिए बैठ गई। चन्द्रन खाकर उठ गया था।

माँ ने रसोइये से पूछा, "खाना ठीक से खाया?"

"नहीं, सिर्फ दही-चावल खाया। वह भी जल्दी-जल्दी।"

माँ ने चन्द्रन को आवाज़ लगाई।

"जी, माँ!"

"इतनी जल्दी क्यों कर रहे हो?"

"सिनेमा जा रहा हूँ।"

"मैंने तुम्हारे लिए खास तौर पर आलू की चटनी बनाई थी और तुम सिर्फ दही-चावल खाकर उठ गये। कैसे लड़के हो तुम भी।"

"माँ, मुझे एक रुपया दो।"

उसने चाभी का गुच्छा निकालकर चन्द्रन को दे दिया : "दराज़ खोलकर निकाल लो। चाभी वापस ले आना।"

दोनों दोस्त सिनेमा देखने चले। रास्ते में चन्द्रन एक दुकान पर रुका और एक पान के दो बीड़े और एक पैकेट सिगरेट खरीदे। उनके लिए दूसरा शो सिनेमा देखना मामूली घटना नहीं थी। चन्द्रन उन व्यापारियों की तरह नहीं था, जो सिनेमा देखने गये तो वहाँ जाकर कुर्सी पर बैठ गये और पिक्चर खत्म होते ही सबसे पहले बाहर निकलकर घर चले आए। उसके लिए यह एक सौन्दर्यात्मक अनुभव था, जिसके लिए तैयारी करके आना ज़रूरी था। पहली ज़रूरत थी, अच्छे बने पान का बीड़ा मुँह में धीरे से रखना, उसे मुलायम ढंग से चबाना, जिससे उससे निकलने वाले रस से कानों के पीछे चुनमुनी मचने लगे और दिल की धड़कन तेज़ हो जाए और माथे पर पसीने की बूँदें निकल आयें। इसके बाद सिगरेट सुलगाकर मुँह से लगाई जाए, उससे निकलने वाला धुआँ गले के भीतर ले जाकर मुँह से बाहर निकाला जाए, फिर शान से कदम रखते हुए सिनेमाघर में प्रवेश किया जाए, कुर्सी पर आराम से बैठकर दो-चार और सिगरेटें फूँकते हुए फिल्म का मज़ा लिया जाए। फिल्म खत्म होने पर आधी रात को गर्मागर्म कॉफ़ी पीने के लिए किसी होटल में जाकर बैठा जाए, एकाध पान और खाया जाए, फिर सिगरेट पीते और चहलकदमी करते हुए घर लौट आया जाए। दूसरे शो में पिक्चर देखने का यह आदर्श ढंग था। चन्द्रन इस अनुभव का पूरा लाभ उठाना ज़रूरी समझता था, और इसके लिए रामू जैसा दोस्त भी साथ होना ज़रूरी था। उसकी उपस्थिति में ही इसे पूरी तरह कामयाब बनाया जा सकता था। वह भी साथ में सिगरेट का धुआँ उड़ाता, पान चबाता, कॉफ़ी पीता, हँसता—हँसने में तो उसका जवाब ही नहीं था—चन्द्रन की ढेर सारी प्रशंसा करता, उसका मज़ाक उड़ाता, लड़ता-झगड़ता और अपने प्रोफ़ेसरों, साथियों तथा बहुत से अनजान लोगों की भी सच्ची-झूठी प्रेम-कहानियाँ और स्कैंडल सुनाता।

पिक्चर शायद शुरू हो चुकी थी, क्योंकि सिनेमाघर के आगे बिलकुल भीड़ नहीं थी। शहर में यह अकेला सिनेमा था जिसके लम्बे से हॉल की छत लोहे की पत्तर से ढकी थी। छोटा सा टिकट घर था, जहाँ चन्द्रन ने पूछा, 'शो शुरू हो गया?"

"अभी हुआ है," टिकट बाबू ने हमेशा का जवाब दिया। शो शुरू हुए पौन घंटा भी हो गया हो, लेकिन जवाब यही दिया जाता था, "अभी शुरू हुआ है।"

रामू गैलरी में लगा एक बड़ा-सा पोस्टर देखने रुक गया था, चन्द्रन ने चिल्ला कर कहा, "रामू, जल्दी करो।" यह कहकर वह चार आने वाली क्लास की तरफ दौड़ा।

हॉल में अँधेरा था। दरवाज़े पर खड़े आदमी ने टिकट लेकर भीतर जाने के लिए परदा खोल दिया। रामू और चन्द्रन ने भीतर झाँका और फिल्म से निकलती हलकी रोशनी में यह देखने की कोशिश की कि खाली सीटें कहाँ हैं। काफ़ी दूर एक लाइन के अंत में दो सीटें खाली थीं। वे लोगों के घुटनों के आगे से उनकी तरफ़ बढ़ने लगे। किसी ने पीछे से आवाज़ लगाई, 'सिर झुकाकर आगे बढ़ो।' दो सिर एक साथ होने के कारण परदे का काफी हिस्सा दिखाई नहीं देता था। वे तेज़ी से निकलकर खाली सीटों में जा घुसे।

इस समय कॉमिक फिल्म का आखिरी हिस्सा चल रहा था जिसका एक्टर जैस जिम बड़ा मशहूर था। खूब मोटा आदमी, जोकर वाली टोपी लगाये रंगों के कनस्तर से बाहर निकलने की कोशिश कर रहा था।

चन्द्रन ने दुखी होकर जीभ चटकाई, बोला, "मुझे क्या मालूम था कि फिल्म के साथ जैस जिम की कामिक फिल्म भी है। हमें जल्दी आना चाहिए था।"

रामू ध्यान से फिल्म देख रहा था। वह एकदम हँस पड़ा—कैसा बढ़िया एक्टर है जैस! —चन्द्रन ने उसे निकर की तरह कमर पर कनस्तर पहने देखकर कहा। वह खड़े होकर दर्शकों को देखता आँख मटका रहा था, इसके बाद वह एक कदम पीछे हटा और ज़मीन पर लुढ़क कर स्क्रीन से गायब हो गया, पिक्चर खत्म हो गई। हॉल के बीच में लगी एक रोशनी जल उठी, रामू और चन्द्रन भी उठे और उसके प्रकाश में हॉल का जायज़ा लिया।

रोशनी फिर बुझ गई और प्रोजेक्टर घरघराने लगा। पर्दे पर कुछ लिखा हुआ आया, जिसे लोग कोरस की तरह एक स्वर में पढ़ने लगे : "गॉडफ्रे मेमेल पेश करते हैं दुनिया के मशहूर एक्टर विवियन ट्रायले और जियॉर्जो लॉम्ब इस साल की शानदार पिक्चर 'लाइट गन्स ऑफ लॉरो..." में...और इसके बाद पिक्चर में काम करने और उसे बनानेवालों के नामों की बेकार-सी और बहुत लम्बी सूची आने लगी। इसके बाद फिल्म की काव्यात्मक शुरुआत हुई : "पश्चिम के मध्यवर्ती प्रदेश के लॉरो नामक शहर की शान्ति का ज़िम्मेदार था उसका बाज़-जैसी नज़र रखने वाला शेरिफ़ अधिकारी..."—फिर गाँव की एक लड़की (विवियन ट्रायले) दिखाई दी जो चारखाने कपड़े की स्कर्ट पहने गली से कहीं जा रही थी। बड़ी शान्ति से शुरू हुई यह फिल्म बहुत जल्द गर्मागर्म घटनाओं में बदल गई और घंटे-भर में प्यार-मोहब्बत, वीरता, गुंडागर्दी, षड्यंत्र और बहुत-सी खूँख्वार लड़ाइयाँ दिखाकर इंटरवल तक पहुँच गई। इसके बाद सब रोशनियाँ एकदम जल उठीं और रामू तथा चन्द्रन दोनों फिल्मी दुनिया से निकलकर वास्तविक दुनिया में आ गए। सारे हॉल में सिगरेट का धुआँ भर गया था। रामू अँगड़ाई लेकर खड़ा हो गया, और अपने पीछे ज़्यादा कीमती टिकट वाले क्लास में बैठे लोगों को देखने लगा। फिर चन्द्रन से बोला, "सुनो, ब्राउन भी फर्स्ट क्लास में किसी लड़की के साथ बैठा है।"

"उसकी बीवी होगी," चन्द्रन ने पीछे देखे बिना कह दिया।

"यह उसकी बीवी नहीं है?"

"तो कोई और लड़की होगी। ये गोरे लोग ज़िन्दगी का मज़ा लेना जानते हैं। हमारे लोग तो जानते ही नहीं कि जीवन कैसे जिया जाता है। अगर किसी के साथ कोई लड़की दिख भर जाए तो सैकड़ों आँखें उसे घूरने लगती हैं, और सैकड़ों ज़बानें उसकी चर्चा करने लगती हैं। लेकिन कोई भी यूरोपियन किसी लड़की को साथ लिए बिना बाहर नहीं निकलता।"

"हमारा देश बहुत घटिया है," रामू ने भावुक होकर कहा।

यह सुनकर चन्द्रन और भी सचेत हो उठा। उसने रामू को पकड़कर सीट पर बिठा दिया और कहा, "इस तरह खड़े होकर पीछे बैठे लोगों को घूरना असभ्यता है।"

रोशनी फिर गायब हो गई। विज्ञापनों के स्लाइड परदे पर आने लगे; कोई भी एक सेकिंड से ज़्यादा नहीं रुकता था।

चन्द्रन बोला, "अच्छे विज्ञापन हैं! ठीक से पढ़े भी नहीं जाते।"

"हर विज्ञापन का इन्हें महीने में बीस रुपया मिलता है।"

"नहीं, सिर्फ पन्द्रह।"

"लेकिन किसी ने तो मुझे बीस बताया था।"

"मैं जानता हूँ, पन्द्रह ही मिलते हैं," चन्द्रन ने निश्चय से कहा।

"फिर भी, यह तो धोखाधड़ी है। कुछ भी समझ में नहीं आता। बच्चे के स्वास्थ्यवर्धक खाने का नाम क्या है, या हमें कौन-सी सिगरेट पीनी चाहिए—कुछ भी पढ़ा नहीं जाता। गुंडे-बदमाश! मुझे इन विज्ञापनों से नफ़रत है।"

आखिरकार विज्ञापन खत्म हुए और इन्टरवल तक हुई घटनाओं के बाद से कहानी आगे बढ़ी। हीरो को दस गज़ पहले से ही खतरे का पता चल गया। वह बगल के रास्ते से एक पत्थर पर चढ़ गया, वहाँ से कूदकर पीछे जा पहुँचा और गुंडों को डराने लगा। इस तरह की एक-के-बाद दूसरी अनेक लड़ाइयाँ आग और पानी के बीच लड़ी गईं, और अंत में अच्छा आदमी लॉम्ब ही विजयी होकर प्रकट हुआ—वह ईमानदार था, हिम्मत वाला था, खूबसूरत तो था ही, ताकत भी उसमें ज़बरदस्त थी, और अंत में जीत भी उसी की होनी थी। यह बात हर दर्शक जानता-समझता था, फिर भी हर रोज़ वे बड़ी बेसब्री से साँस रोककर इस नतीजे का इन्तज़ार करते थे। यही नहीं, बूढ़ा शहर अधिकारी शेरिफ़ भी—जो हमेशा विवियन और जियार्जो के सम्बन्ध के खिलाफ़ था—अब एकदम बदल गया और आँखों में आँसू भरकर उसने विवियन के हाथ पकड़ लिए। समाप्ति से पहले खुशी का एक क्षण परदे पर ज़ोर-शोर से दिखाया गया—दोनों के खूब बड़े चेहरे एक-दूसरे को कसकर चूमते हुए। गुड नाइट!

रोशनियाँ जल उठीं। लोग ऊँघते हुए, आँखें मलते हुए, अँगड़ाई लेते हुए दरवाज़ों से गिरते-पड़ते बाहर निकलने लगे। आज की शाम का यह सबसे कष्टदायी समय था, सिलेक्ट सिनेमा से लॉली एक्सटेंशन घर वापस जाना। सिनेमा में खड़ी दो-तीन गाड़ियों ने हार्न बजाए और वे भी आगे बढ़ीं।

"कितने भाग्यवान हैं ये साले, पाँच मिनट में घर पहुँचकर सो जाएँगे। मैं जब नौकरी करूँगा तो सबसे पहले गाड़ी खरीदूँगा। इसका जवाब नहीं है। आराम से पिक्चर देखी और घर जाकर सो गए।"

"कॉफ़ी पीनी है?" वे एक रोशनी से जगमग होटल के पास से निकले तो चन्द्रन ने पूछा।

"ज़रूरत तो नहीं लगती!"

"मुझे भी नहीं है।"

वे चुपचाप रास्ता तय करते रहे। बीच-बीच में कोई घिसा-पिटा पुराना मज़ाक कर लेते।

घर पहुँचते ही रामू ने कहा, "गुड नाइट! कल मिलते हैं।" और वह तेजी से फाटक में घुस गया।

चन्द्रन अकेला अपने फाटक पर पहुँचा, धीरे से उसे खोला, हॉल में सो रहे छोटे भाई को जगाकर उससे दरवाज़ा खुलवाया और आँखें मलता अपने कमरे में घुसा। फिर अँधेरे में ही अपना कोट उतारा, कुर्सी पर उसे लटकाया, फर्श पर रखा गोलमोल बिस्तर लात मारकर खोला, और उसके पूरी तरह फैलने से पहले ही उसपर लेटकर अपनी आँखें बन्द कर लीं।

जुलाई, अगस्त, सितम्बर और अक्टूबर, ये चारों महीने चेतना को छुए बिना तेज़ी से निकल गए। वह सवेरे उठता, थोड़ी देर पढ़ता, कॉलेज जाकर पीरियड अटेंड करता, शाम को सरयू नदी के किनारे चहलकदमी करता, साढ़े आठ के करीब घर लौटता, खाना खाता और इधर-उधर के विषयों पर घर वालों से बातें करता, और फिर सो जाता। किताबें मेज़ पर करीने से रखी हैं या कॉलेज के नोट्स पूरे और सही हैं, ये सब बातें उसे परेशान नहीं करती थीं। इस तरह दिन गुज़रते चले जाते और एक दिन अचानक पता चलता कि नवम्बर शुरू हो गया है। हर युवक के लिए पहली नवम्बर का दिन याद दिलाने का दिन होता कि परीक्षा आ गई है। उसे अचानक पता चलता कि आधा साल खत्म हो गया है और जो पढ़ाई उसे साल-भर में पूरी करनी थी, उसे अब आधे साल में ही खत्म करना था।

पहली नवम्बर को चन्द्रन पाँच बजे सवेरे उठा और ठंडे पानी में नहाया, और

जाकर पढ़ने की मेज़ पर बैठ गया, इस समय तक उसकी माँ भी जो घर में सबसे पहले सोकर उठती थी, जाग नहीं पाई। चन्द्रन मेज़ पर सिर झुकाये योजनाएँ बनाता रहा। पहली बात यह कि हर रोज़ वह इसी वक्त उठ जाया करेगा, ठंडे पानी से ही नहाएगा, और कॉलेज जाने से पहले पूरे तीन घंटे जमकर पढ़ाई करेगा। दूसरा निश्चय यह था कि शाम को आठ बजे तक घर ज़रूर लौट आएगा और साढ़े ग्यारह तक पढ़ाई करेगा। इसके अलावा उसने एक महत्त्वपूर्ण निश्चय यह भी किया कि वह सिगरेट नहीं पिएगा, क्योंकि यह दिल के लिए ख़राब है, और परीक्षाओं के लिए दिल बहुत स्वस्थ होना आवश्यक है।

फिर उसने एक कागज़ निकाला और उस पर पढ़ाई के सारे विषय नोट किए। इसके बाद 1 नवम्बर से 1 मार्च तक पढ़ाई के लिए निश्चित पूरे घंटों की गिनती की। इस प्रकार उसके पास एक हज़ार से ज़्यादा घंटे थे, जिनमें छुट्टियों के पूरे बारह-बारह घंटे भी शामिल थे। अब इन हज़ार घंटों में से प्राचीन इतिहास, आधुनिक इतिहास, राजनीतिक थ्योरियाँ, ग्रीक ड्रामा, अठारहवीं शताब्दी का गद्य साहित्य और शेक्सपियर, इन सबके लिए सही-सही घंटों का विभाजन करना था। बहुत गहराई से सोच-विचार करके उसने एक काफ़ी जटिल टाइम टेबिल तैयार किया, जिससे प्रत्येक विषय के अध्ययन के लिए सबको एक-दूसरे के बराबर समय प्राप्त हो जाए। इसमें सन्तुलन रखना ही सबसे महत्त्वपूर्ण बात थी। यदि आधुनिक इतिहास पर वह सौ प्रतिशत ध्यान देता, तो शेक्सपियर उसे दिमागी तौर पर परेशान करता रहता।

हर दिन के छह घंटों में से तीन उसने अनिवार्य विषयों को और तीन ही चुने गए विषयों को देने का निश्चय किया। सवेरे वह अनिवार्य विषय पढ़ेगा, रात को साहित्य। यूरोपियन इतिहास पढ़ने और समझने के लिए दिमाग़ का तरोताज़ा होना ज़रूरी है, जो सवेरे के वक्त ही प्राप्त होता है। और शाम को मज़े लेकर साहित्य का अध्ययन किया जा सकता है।

उसी दिन के लिए उसने 'ऑथेलो' और आधुनिक इतिहास का चुनाव किया। ये दोनों वह अड़तालिस घंटों में समाप्त कर लेगा, और इसके बाद मिल्टन तथा ग्रीक इतिहास उठा लेगा।

इसके बाद वह चेहरे पर गुर्राने की मुद्रा जमाकर अपने काम में जुट गया।

उसे भारतीय इतिहास के आधुनिक युग से अध्ययन का आरम्भ करना था, लेकिन इसमें अगणित कठिनाइयाँ थीं। इस विषय की किताबें तो कई थी हीं, लेक्चरों के नोट्स भी बहुत वज़नी थे। फिर, यदि वह आधुनिक युग की पढ़ाई करने में बहुत ज़्यादा ध्यान देता, तो प्राचीन और मध्य युगों का क्या हश्र होता! भारतीय इतिहास के इन दो अंगों की वह उपेक्षा नहीं कर सकता था। क्या वह ऐसा करे कि इतिहास के आरम्भ, आर्यों के आगमन से ही पढ़ाई की शुरुआत करे, और लार्ड कर्ज़न के

वायसराय-काल तक सारा इतिहास पूरा ही पढ़ डाले? इसका अर्थ यह होगा कि गोल्ड-स्टोन के तीनों खंडों के एक हज़ार पृष्ठों की चटनी बनाकर जज़्ब करनी पड़ेगी। इसमें तो सन्देह नहीं कि यह बहुत ऊँचा ख़्याल था, लेकिन बहुत सही इसलिए नहीं था, क्योंकि एक विषय में तो सौ प्रतिशत लेकिन दूसरे विषयों में एक प्रतिशत नम्बर लाने वालों को यूनिवर्सिटी डिग्री देने के लिए हरगिज़ तैयार नहीं होगी। चन्द्रन इस समस्या पर करीब आधे घंटे तक गंभीरता से विचार करता रहा।

इस समय तक घर के सभी लोग जाग गए थे। पिताजी बगीचे में बड़ी सूक्ष्मता से इस बात की जाँच कर रहे थे कि किसी पौधे में रात भर में कोई चमत्कार तो नहीं हो गया। कुछ देर बाद चन्द्रन की खिड़की के पास से गुज़रे और बोले, "आज बहुत जल्दी जाग गये?"

चन्द्रन ने कहा, "अब मैं हर रोज़ सवेरे पाँच बजे उठ जाया करूँगा।"

"यह तो बहुत अच्छी बात है।"

"आज एक नवम्बर है। मेरे इम्तहान 18 मार्च से शुरू होंगे। अब कितने दिन बचे हैं?"

"करीब एक सौ अड़तीस दिन..."

"लगभग," चन्द्रन बोला, "ये कुछ कम भी हो सकते हैं क्योंकि फरवरी, जो इम्तहान के महीने के पहले आती है, सिर्फ अट्ठाईस दिन की होगी, बशर्ते लीप ईयर इसकी मदद न कर दे। इसलिए इसमें पूरे तीन दिन की कमी हो जाएगी। मुझे कितने पेज़ पढ़ने हैं—आपको पता है? करीब पाँच हज़ार और सब चार दफ़ा और इसमें क्लास के नोट्स शामिल नहीं हैं। इसलिए मुझे एक सौ अड़तीस दिन में बीस हज़ार पेज़ पढ़ने हैं। इसीलिए आज मैं सुबह इतनी जल्दी उठ गया हूँ। हो सकता है, इसके बाद मुझे और भी जल्दी जागने की ज़रूरत पड़ जाए। इसलिए मैंने पढ़ाई का टाइम-टेबिल तैयार किया है। आप इसे देखना चाहेंगे?"

पिताजी भीतर आए और चन्द्रन की मेज़ पर रखे कागज़ को देखने लगे। लेकिन उनकी समझ में कुछ भी नहीं आ रहा था। उनके सामने रखा दस्तावेज़ रेलवे के टाइम टेबिल की तरह जटिल लग रहा था। उन्होंने काफी ध्यान से इसे समझने की कोशिश की लेकिन कोई नतीजा नहीं निकला। उन्होंने कहा, "मुझे तो कुछ भी समझ नहीं आ रहा।" चन्द्रन ने उसे अपने हाथ में लेकर विस्तार से सब बातें बताई, अपनी इतिहास पढ़ने की समस्या का भी ज़िक्र किया, और इस बारे में उनकी राय भी माँगी। पूछा, "मैं जानना चाहता हूँ कि क्या किताब से आधुनिक युग पढ़ लेने और बाकी के लिए लेक्चर के नोट्स से काम चल जाएगा?" लेकिन पिताजी ने बी.ए. में साइंस पढ़ी थी। अब इतिहास के इस मुद्दे पर राय देना उन्हें कठिन लगा, फिर भी उन्होंने कहा, "मेरा ख्याल है कि तुम्हें यह खतरा मोल नहीं लेना चाहिए।"

यह सुनकर चन्द्रन को बड़ी निराशा हुई। वह सोचता था कि पिताजी उसकी इस योजना का समर्थन करेंगे। उसे परेशानी हुई लेकिन उसने सोचा कि पिताजी इतिहास के छात्र तो रहे ही नहीं हैं।

"पिताजी, आपको अन्दाज़ा नहीं है कि राघवाचार इतिहासकार कितने शानदार लेक्चर देते हैं। उनमें विषय की सब किताबों का सारतत्व होता है। उनके नोट्स पढ़कर तो कोई आई.सी.एस. की परीक्षा भी पास कर सकता है।"

"ठीक है, तुम जानो," पिताजी बोले। बगीचे की तरफ़ लौटते हुए उन्होंने कहा, "चन्द्रन, अगर तुम बाज़ार की तरफ़ जाओ तो तार की जाली खरीद लाना। कोई कई दिन से चुपचाप फूल तोड़ ले जाता है। उस तरफ़ मैं जाली से रोक लगा देना चाहता हूँ।"

"इससे तो, पिताजी, मकान का नक्शा ही खराब हो जाएगा।"

"लेकिन किया भी क्या जाए? कोई बिलकुल सवेरे आकर फूल चुरा ले जाता है।"

"तो क्या हुआ, फूल ही तो ले जाता है," चन्द्रन ने कहा। पिताजी कुछ बुदबुदाते हुए बाहर चले गए।

चन्द्रन पढ़ने के लिए कुर्सी पर आकर बैठ गया। उसने फ़ैसला कर लिया था कि गॉडस्टोन की किताब से सिर्फ आधुनिक युग ही पढ़ेगा। उसने शेल्फ में से किताब निकाली, उस पर जमी धूल झाड़ी और मुगल आक्रमण वाला अध्याय खोल लिया। यह काफ़ी मोटी किताब थी, जो बहुत छोटे अक्षरों में चमकदार कागज़ पर छपी थी, और जिसमें मृत राजा-महाराजाओं के धुँधले चित्र छपे थे।

नौ बजे तक पाँच पृष्ठ पढ़कर उसने किताब बन्द कर दी। उसे बड़ा सन्तोष हो रहा था कि उसने बाकायदा पढ़ाई शुरू कर दी है।

नाश्ता करने के लिए भीतर जाते हुए उसने अपने भाई सीनू को देखा जो आँगन में खड़ा दूर लगे पेड़ों पर उड़ते कौए देख रहा था। उसकी उम्र आठ साल थी और वह एलबर्ट मिशन स्कूल की तीसरी कक्षा में पढ़ता था। चन्द्रन ने उससे कहा, "यहाँ खड़े वक्त क्यों बरबाद कर रहे हो?"

"मैं नहाने का इन्तज़ार कर रहा हूँ। बाथरूम में कोई है।"

"अभी तो नौ ही बजे हैं। नहाने की जल्दी क्या है? दिन भर यहीं इन्तज़ार करते रहोगे? अपनी डेस्क पर जाओ। बाथरूम खाली होगा तो तुम्हें बता दिया जाएगा। इस तरह फिर मुझे दिखाई मत देना।"

सीनू एकदम वहाँ से गायब हो गया। चन्द्रन को काफ़ी गुस्सा आ रहा था। जब वह एलबर्ट मिशन स्कूल में था, रोज़ सवेरे कम से कम दो घंटे पढ़ाई करता था। आजकल के बच्चों में ज़िम्मेदारी की भावना एकदम खत्म हो गई है।

तभी उसकी माँ कहीं से हाथ में फूलों की टोकरी लिए आकर खड़ी हो गई। आते ही उसने शिकायत करना शुरू कर दिया : "कोई बगीचे के सारे फूल चुरा ले जाता है। इसे रोका नहीं जा सकता? इस घर में तो किसी को कोई परवाह ही नहीं है।" उसका मूड बहुत बिगड़ा हुआ लगता था। वक्त के हिसाब से यह सही भी था। सवेरे उसे बहुत से काम करने होते थे—दूध वाले, सब्ज़ी वाले, तेल वाले और दूसरे काम वालों से निबटना, रसोइये और दूसरे नौकरों को दिन-भर के काम बताना, पूजा के लिए फूल चुनना और पति तथा बच्चों की सही और गलत सब ज़रूरतों को पूरा करना।

चन्द्रन जानता था कि इस वक्त उससे उलझना अच्छी बात नहीं थी। इसलिए उसने अपने शब्दों में मिठास भरकर कहा, "रात को हम फाटक पर ताला डाल देंगे और दीवार पर एक जाली भी लगा देंगे।"

"जाली लगा देंगे! इससे घर बहुत खराब लगने लगेगा। क्या तुम्हारे पिताजी ने फिर से यह क़िस्सा छेड़ दिया है?"

"नहीं, नहीं," चन्द्रन ने फौरन बात काटी, "उन्होंने यही कहा था कि और कुछ रोक न लगी तो फिर इसे देखेंगे।"

"मैं यह नहीं होने दूँगी," माँ ने फैसला सुनाते हुए कहा, "कुछ और ही करना पड़ेगा।" चन्द्रन ने भी माना कि कुछ करना चाहिए, सिवाय इसके कि बंगले के चारों तरफ खाई खुदवाई जाए, उसमें पानी भर दिया जाए और पानी में मगर छोड़ दिए जाएँ। और माँ इस वचन से ही सन्तुष्ट हो गई। उसने स्पष्ट किया : "तुम्हारे पिता हर महीने पच्चीस रुपये बगीचे पर खर्च करते हैं और माली को अलग से दस रुपये देते हैं। इतने पर भी रोज़ सवेरे भगवान की पूजा के लिए चार फूल न मिलें तो इस खर्च का क्या फायदा!"

दोपहर बाद कॉलेज का चौक पार करते हुए चन्द्रन को इतिहास के प्रोफ़ेसर राघवाचार मिले। वह सिर हिलाकर रिवायती नमस्कार करके बगल से निकल जाना चाहता था, लेकिन प्रोफ़ेसर की आवाज़ सुनकर रुक गया, "चन्द्रन!"

"जी, सर," चन्द्रन ने उत्तर दिया, लेकिन वह ज़रा घबराया, क्योंकि आज तक क्लास के बाहर उसकी किसी भी प्रोफेसर से कभी कोई बात नहीं हुई थी। उसके जैसे बड़े कॉलेज में प्रोफ़ेसर उन्हीं लड़कों को जानते थे जो या तो पढ़ाई में तेज़ हों या उनके चमचे हों। चन्द्रन इनमें से एक भी नहीं था।

"आज तुम्हारा आखिरी पीरियड कब खत्म होगा?"

"साढ़े चार बजे, सर!"

"इसके बाद मेरे कमरे में आकर मिलना।"

"जी, सर।"

उसने रामू को यह बात बताई तो वह पूछने लगा, "तुमने उसके घर पर बम या कुछ और रखने की साज़िश तो नहीं की?" चन्द्रन ने पलट कर जवाब दिया कि उसे ऐसा मज़ाक पसन्द नहीं है। रामू ने कहा कि यह सुनकर उसे निराशा ही हुई है, यह नहीं तो उसे और क्या सुनना पसन्द है?

"अब तुम चुप करो और अपनी सफ़ाई मत दो।"

रामू उठा और चलता हुआ बोला, "मेरी ज़रूरत पड़े तो यूनियन के रीडिंग रूम में आ जाना, मैं पाँच बजे तक वहाँ रहूँगा।"

"साढ़े तीन पर "ऑथेलो" की क्लास है।"

"मैं नहीं आऊँगा," यह कहकर वह रवाना हो गया।

चन्द्रन चुपचाप बैठा सोचता रहा। राघवाचार ने उसे क्यों बुलाया है? उसने शिकायत का कोई काम नहीं किया है, न लायब्रेरी की कोई किताब उसके पास है; एक-दो टेस्ट उसने ज़रूर नहीं किए हैं लेकिन राघवाचार उनकी कापियाँ नहीं देखता। लेकिन यह हो सकता है कि अचानक उसने टेस्ट पेपर्स देखे हों और पाया हो कि मैंने एक-दो नहीं किए हैं। अगर उसे डाँटना होता तो क्लास में ही सबके सामने डाँट लगा देता। कोई भी प्रोफ़ेसर ऐसा अवसर नहीं गँवाना चाहेगा। इसी बात को लें तो रामू ने तो ज़िन्दगी भर कोई टेस्ट पेपर नहीं लिखा। उसे क्यों नहीं बुलाया गया? और रामू के गुस्सा दिखाकर चले जाने की वजह क्या थी? वह क्लास में भी नहीं आया। ज़्यादा ही आज़ादी लेने लगा है।

घंटी बजी। चन्द्रन उठा और भीतर गया। गैलरी की सीढ़ियाँ चढ़कर अपनी सीट पर जा पहुँचा। 'ऑथेलो' के पेज खोले, एक कागज़ निकाला और उस पर लिखने लगा।

यह विषय असिस्टेंट प्रोफ़ेसर पढ़ाता था। अंग्रेज़ी का असिस्टेंट प्रोफ़ेसर था गणपति। दुबला-पतला आदमी, ज़रा सी मूँछें और आँखों पर मोटा-सा चश्मा। पढ़ाने के अपने ढंग से उसे छात्रों की और घमंडी व्यवहार के कारण अपने साथी अध्यापकों की नफ़रत बड़े परिमाण में प्राप्त थी। वह हर जगह यह कहता फिरता था कि दुनिया में दस आदमी भी शेक्सपियर को नहीं समझते; कहता था कि फाउलर्स की 'माडर्न इंग्लिश यूसेज' में गलतियाँ भरी पड़ी हैं; हरेक की अंग्रेज़ी वह शुद्ध करता था; कहता था कि कोई हिन्दुस्तानी कभी अंग्रेज़ी नहीं लिख सकता, और उसका यह कथन उसके सभी साथियों को बहुत नापसन्द था क्योंकि वे सब अपने लेक्चर अंग्रेज़ी में ही तैयार करते और मानते थे कि उनकी अंग्रेज़ी का जवाब नहीं है। जब वह परीक्षा की कापियाँ जाँचता तो किसी को भी चालीस प्रतिशत से ज़्यादा नम्बर नहीं देता था और विराम-चिह्नों

का तो अपने को विशेषज्ञ ही मानता था—और कापियाँ जाँचते हुए हर गलत कोमा, सेमीकोलन या फुलस्टॉप के लिए आधा नम्बर काट लेता था।

वह फुदकती चाल से गैलरी में दाखिल हुआ, कूदकर ऊपर मंच पर चढ़ा और किताब खोलकर 'ऑथेलो' के एक दृश्य पर बोलने लगा। शेक्सपियर को वह गाने के लहज़े में पढ़ता था, जिसमें स्थानीय भाषा की स्पष्ट ध्वनि थी। बीच-बीच में रुककर वह आलोचकों की आलोचना करने लगता। भले ही डाउ डेन ने कुछ भी कहा हो, मि. गजपति बड़े नाम से प्रभावित नहीं होते थे। ब्रैडले और बहुत से दूसरे लोगों ने भी शेक्सपियर में काफ़ी शोध की थी, लेकिन उनकी हर बात को कैसे परम सत्य माना जा सकता था। गजपति असंख्य उदाहरण देकर उनकी ग़लतियाँ निकाला करता था।

चन्द्रन ने नोट्स लेने की कोशिश की, लेकिन यह 'गजपति के महावाक्य' जैसी चीज़ बनती चली जा रही थी। उसने कलम बन्द कर ली और चुप बैठ गया। गजपति को यह कभी पसन्द नहीं आता था कि कोई चुपचाप बैठा उसे देखता रहे। शायद दो सौ जोड़े उसे देखती आँखों के सामने वह नर्वस महसूस करने लगता था। इसलिए वह हमेशा यह कहता रहता, "सिर नीचे और क़लमें कॉपी पर, और अपनी क़लम से मेरी बातें सुनो।"

कुछ देर बाद उसकी आवाज़ आई, "चन्द्रन, तुम आराम कर रहे हो।"

"जी, सर!"

"जी नहीं, अपनी कलम चलाओ।"

"जी, सर!" चन्द्रन ने सिर झुकाकर कलम चलाना शुरू कर दिया : "हे गजपति! हे गजपति! तुम्हारी ज़बान कब बन्द होगी? तुम्हारा ख्याल है कि तुम्हारे लेक्चर बढ़िया और क़ीमती होते हैं? इन दो पंक्तियों में शेक्सपियर इयागो का चरित्र बयान करता है। संस्कृत में 'गज' शब्द का अर्थ है हाथी और 'पति' का शायद स्वामी। तुम्हारा यह नाम सही है, हाथियों को हाँकने वाला।" इसके बाद उसने हाथी का चित्र, चश्मा पहने हुए, कागज़ पर बना दिया।

"चन्द्रन, क्या तुम लेक्चर के नोट्स ले रहे हो?"

"जी, सर।"

घंटी बजी। गजपति चाहता था कि इसके बाद भी बोलना जारी रखे, लेकिन 'ऑथेलो' की दो सौ पुस्तकें एकसाथ, रायफ़ल की कड़क जैसी आवाज़ के साथ बन्द हो गईं। लड़के सब खड़े हो गए थे।

गैलरी से बाहर निकलते हुए गजपति ने कहा, "चन्द्रन, सुनो!" चन्द्रन मंच के पास रुक गया, और लड़के तेज़ी से बाहर चले जा रहे थे। आज जैसे हर किसी को चन्द्रन की ज़रूरत थी।

गजपति बोला, "मैं तुम्हारे लेक्चर नोट्स देखना चाहता हूँ।"

चन्द्रन क्षण भर के लिए सहम-सा गया। उसे याद था कि उसने कापी में हाथी बनाया है। इसके अलावा उसे और कुछ याद नहीं आ रहा था, लेकिन वह सब गजपति के मतलब का नहीं था। पहले तो उसने सोचा कि झूठ बोलकर इस मुसीबत से पार पाया जाए, लेकिन फिर उसे लगा कि गजपति इस सम्मान का हकदार नहीं है। वह बोला, "सर, ईमानदारी की बात यह है कि मैंने कुछ नहीं लिखा है। आप मुझे माफ़ करें, मुझे अभी प्रोफ़ेसर राघवाचार से मिलना है।"

राघवाचार के कमरे पर पहुँचा, तो वह नर्वस हो रहा था। उसने अपना कोट ठीक किया और टाई की गाँठ कसी। दरवाज़े के सामने क्षण भर के लिए ठिठका। लेकिन तुरन्त उसमें आत्मसम्मान जाग्रत हो उठा। यह कायरता क्यों? वह राघवाचार या किसी और से क्यों डरे? आदमी तो आदमी ही है। उसका चश्मा और पगड़ी उतार दो, लम्बा कोट भी उतार दो, और राघवाचार को एक लुंगी में खड़ा कर दो, उसका तीन-चौथाई रुआब खत्म हो जाएगा। सिर्फ एक चश्मे, पगड़ी और लम्बे कोट से डरने की ज़रूरत क्या है?

"गुड ईविनिंग, सर," चन्द्रन ने कमरे में प्रवेश करते हुए कहा।

राघवाचार एक भारी-सी किताब पढ़ रहे थे; उन्होंने सिर उठाया और सामने देखा। उन्हें अपने अध्ययन की दुनिया से निकलकर वास्तविक दुनिया में आने में कुछ समय लगता था।

"कौन?" उन्होंने चन्द्रन पर नज़र डालते हुए कहा।

"सर, आपने साढ़े चार बजे मुझे बुलाया था।"

"अरे हाँ...ठीक है। बैठो।"

चन्द्रन कुर्सी के किनारे पर धीरे से बैठ गया। राघवाचार ने सिर पीछे किया और कुछ देर तक छत की तरफ़ देखते रहे। चन्द्रन फिर नर्वस होने लगा, लेकिन उसने मन में राघवाचार की लुंगी में तस्वीर घुमाई, तो उसका आत्मविश्वास वापस लौट आया।

"मैंने तुम्हें इस उद्देश्य से बुलाया है कि मैं कॉलेज में हिस्टॉरिकल एसोसिएशन शुरू करने के बारे में तुम्हारी राय जानना चाहता हूँ।"

बच गया! यह वाक्य सुनकर चन्द्रन ने जो हलकापन महसूस किया, उसका जवाब नहीं था। वह उसका स्वाद चखने लगा। 'इसके बारे में क्या सोचता हूँ?'

"सर, यह तो बहुत अच्छी योजना है।" अब उसे ख्याल आया कि उसे ही इसके लिए क्यों चुना गया है?

प्रोफ़ेसर की आदेश से पूर्ण आवाज़ आई, "मैं चाहता हूँ कि तुम पन्द्रह तारीख को इसकी उद्घाटन बैठक का प्रबंध करो। इसके बाद हम कार्यक्रम बनायेंगे।"

"ठीक है, सर," चन्द्रन बोला।

"तुम एसोसिएशन के सेक्रेटरी रहोगे। मैं अध्यक्ष...। मीटिंग पन्द्रह तारीख को होनी चाहिए।"

"सर, आप क्या यह नहीं सोचते...," चन्द्रन ने कुछ कहना शुरू किया।

"मैं क्या नहीं सोचता?" प्रोफ़ेसर ने सवाल किया।

"कुछ नहीं, सर।"

"यह हाँ-नहीं मुझे पसन्द नहीं है," प्रोफ़ेसर ने कहा। "तुम कुछ कहने जा रहे थे। उसे जाने बिना मैं आगे नहीं बढ़ूँगा।"

चन्द्रन ने गला साफ़ किया और बोला, "कोई खास बात नहीं है, सर! मैं सिर्फ यह कहना चाहता था कि कोई और मुझसे अच्छा सेक्रेटरी हो सकता है।'

"मेरा ख्याल है कि यह फैसला तुम मुझ पर छोड़ सकते हो।"

"जी, सर!"

"मेरा ख़्याल है कि तुम एसोसिएशन आरम्भ करने को तो ग़लत नहीं समझते।"

"बिलकुल नहीं, सर!"

"तो फिर ठीक है। मैं महसूस करता हूँ कि इतिहास के विषय में लोगों का अज्ञान बहुत भयंकर है। इसे दूर करने का एक ही उपाय है कि एसोसिएशन स्थापित की जाए और उसमें पेपर पढ़े जाएँ और मीटिंग की जाएँ।"

"यह मैं समझता हूँ, सर।"

"फिर भी तुम पूछते हो कि एसोसिएशन की क्या ज़रूरत है।"

"नहीं, मैंने इस पर सन्देह नहीं किया।"

"हुँ...तुम अपने दो-एक दोस्तों से इसके बारे में बात करो और उद्घाटन का निश्चित प्रोग्राम बनाकर फिर मुझसे मिलो।"

चन्द्रन उठ खड़ा हुआ।

"तुम्हें जाने की जल्दी पड़ी लगती है," शेर फिर गुर्राया।

"जी नहीं, सर," यह कहकर चन्द्रन फिर बैठ गया।

"अगर तुम्हें जल्दी हो तो मैं तुम्हें नहीं रोकूँगा क्योंकि साढ़े चार बज गये हैं और अब तुम कॉलेज छोड़ने के लिए स्वतन्त्र हो। लेकिन अगर जल्दी नहीं है, तो मैं कुछ और बात करना चाहूँगा।"

"जी, सर।"

"बार-बार 'जी, सर', 'जी, सर' कहने की ज़रूरत नहीं है। तुमने कोई ठोस सुझाव तो दिया ही नहीं।"

"मैं दोस्तों से बात करूँगा और तब सुझाव दूँगा, सर।"

"गुड ईवनिंग। तुम जा सकते हो।"

चन्द्रन प्रोफ़ेसर के कमरे से कुछ सोचता हुआ निकला। उसे सेक्रेटरी बनना ज़्यादा अच्छा नहीं लग रहा था। उसे लग रहा था कि इस तरह तो उसका अपना व्यक्तित्व ही नष्ट हो जाएगा। अब वह नटेसन की तरह हो जाएगा जो यूनियन का सेक्रेटरी है। उसके दिमाग़ में मीटिंगों की तैयारी के ख्याल ही दौड़ते रहेंगे। इस वक्त उसे पहली उद्घाटन मीटिंग की तैयारी करनी थी। उद्घाटन की मीटिंग अगर एक ही और आखिरी मीटिंग होती, तो यह कोई बुरी चीज़ नहीं थी, लेकिन इसके बाद मार्च तक उसे कम-से-कम आधे दर्जन मीटिंगें आयोजित करनी पड़ेंगीं। इनमें फ़िज़ूल के विषयों पर पेपर पढ़े जाएँगे, मोटे-मोटे लोगों के भाषण सुनने पड़ेंगे, हर बार धन्यवाद का प्रस्ताव रखना पड़ेगा, और भी न जाने क्या-क्या करना होगा। ये सब काम उसे सख्त नापसन्द थे। मीटिंगें खत्म होने के बाद भी उसे तब तक हॉल में बैठना पड़ेगा, जब तक बत्तियाँ न बुझा दी जायें और दरवाज़े न बन्द कर दिए जाएँ, और इसके बाद सरदर्द लिए घर वापस जाना पड़ेगा–जिससे शाम को रामू के साथ सरयू नदी के किनारे उसकी सैर खत्म हो जाएगी। और रामू भी क्या है–शाम को न जाने क्यों इस तरह गुस्सा हो गया।

चन्द्रन यूनियन के रीडिंग रूम की तरफ बढ़ा। वहाँ पाँच-छह सिर रंगीन पत्रिकाएँ पढ़ने में लगे थे, लेकिन इनमें से एक भी सिर रामू का नहीं था। चन्द्रन ने सोचा कि शायद वह शतरंज के रूम में मिल जाए। वह खुद तो शतरंज नहीं खेलता था, लेकिन दूसरों को खेलते देखने में उसकी रुचि ज़रूर थी–और वह दोनों के बीच रोशनी रोककर खड़ा देखता रहता था। लेकिन आज रामू के बिना शतरंज का खेल जारी था–वह पिंग पांग के कमरे में भी नहीं दिखाई दिया। चन्द्रन एकदम निराश होकर यूनियन की सीढ़ियाँ उतर गया।

अब उसने नदी की दिशा में कदम बढ़ाये, जो कॉलेज से एकदम जुड़ी थी। वह रेत पर टहलने लगा। हमेशा की तरह लोग वहाँ थे–बालों में चम्पा की वेणियाँ लगाये लड़कियाँ, खेलते हुए बच्चे, घूमते-फिरते लड़के और बुजुर्ग पूजा-पाठ करते हुए। चन्द्रन को शाम का समय यहाँ बिताना बहुत अच्छा लगता था; वह लड़कियों को घूरता, बच्चों में दिलचस्पी लेने का ढोंग करता, दोस्तों के साथ गला फाड़कर हँसता, दो-तीन चक्कर लगाता, और फिर नल्लप्पा की सुनसान झाड़ी में पहुँचकर एक सिगरेट जलाता। रामू का साथ और हर बात पर उसकी लगातार टीका-टिप्पणी इस अनुभव में जान फूँक देती थी।

लेकिन आज उसका दिमाग़ ठस था और रामू भी गायब था। चन्द्रन को बोरियत हो रही थी। वह घर की तरफ़ चल पड़ा।

सात बजकर कुछ मिनट हुए थे और वह लाली एक्सटेंशन की सेकिंड क्रास रोड पर मुड़ रहा था। रामू के फाटक के सामने पहुँचकर उसने आवाज़ लगाई, 'रामू!'

रामू बाहर आया।

"तुम रीडिंग रूम में क्यों नहीं थे?"

"मैंने तुम्हारा इन्तज़ार किया लेकिन यह सोचकर कि तुम्हें देर हो जाएगी, चला आया।"

"तुम नदी पर भी नहीं थे।"

"मैं घर आ गया और ट्रंक रोड पर टहलने चला गया।"

"इस तरह एकदम मुझे छोड़कर रीडिंग रूम जाने की क्या तुक थी?"

"मैं पत्रिकाएँ पढ़ना चाहता था।"

"मुझे यकीन नहीं होता। तुम्हें गुस्सा आ गया था। तुममें धीरज की इतनी कमी क्यों है?"

"और तुम्हें गुस्सा कम आता है? तुम राघवाचार से मिलने के कारण परेशान थे, और किसी ने कुछ कहा, तो तुम उबल पड़े।"

चन्द्रन ने आरोप अनसुना कर दिया। उसने राघवाचार की चर्चा शुरू कर दी। उनसे भेंट का पूरा विवरण सुनाया। इस तरह सड़क पर खड़े-खड़े दोनों करीब दो घंटे तक बात करते रहे।

जब चन्द्रन घर पहुँचा तो पिताजी ने कहा, "नौ बज रहे हैं।" इसके बाद जब वह सोने के लिए जाने लगा, तो वे बोले, "अभी तुम्हारा पढ़ाई का कार्यक्रम शुरू नहीं हुआ?" यह सुनकर चन्द्रन को चोट-सी लगी। वह मेज़ की तरफ़ गया और सवेरे के समय बनाए प्रोग्राम को देखने लगा। उसकी कुछ समझ में नहीं आ रहा था। वह बिस्तर पर जाकर लेट गया और ग्यारह बजे तक इसी के बारे में सोचकर दुखी होता रहा। सवेरे का वक्त उसने प्रोग्राम बनाने में बिताया था, और इसके बाद का यूँ ही कुछ करने में बिता दिया। नवम्बर की पहली तारीख बीत गई, बरबाद हो गई, और 'ऑथेलो' तथा गॉडस्टोन के लिए निश्चित अड़तालिस घंटों में से छह घंटे कूड़े के ढेर पर जा गिरे।

उद्घाटन कार्यक्रम की तैयारी के कारण चन्द्रन रात-दिन परेशान रहता था, और 'ऑथेलो' और गॉडस्टोन कुछ भी वह पढ़ नहीं सका। उसे इस बात का बिलकुल ज्ञान नहीं था कि इस कार्यक्रम में क्या करना होता है। उसका ख़्याल था कि इसमें लोग एक-दूसरे के साथ बैठते हैं, चाय-शाय पीते हैं, सबसे हाथ मिलाते हैं और मान लेते है कि उद्घाटन हो गया।

मीटिंग से पाँच दिन पहले, निराश होकर उसने गॉडस्टोन को एक ओर पटका, और नटेसन के कमरे का रुख किया। इन विषयों में अगर कोई उसका मार्गदर्शन

कर सकता था, तो वह नटेसन ही था। वह दो दफ़ा संस्कृत एसोसिएशन का सेक्रेटरी, एक दफ़ा उपाध्यक्ष और एक सोशल सर्विस लीग की फ़िलासफ़ी एसोसिएशन का सेक्रेटरी रह चुका था, और अब कॉलेज यूनियन का सेक्रेटरी था। इसके बाद वह और किस-किसका अधिकारी बनेगा, यह ईश्वर ही जानता था। अपने कॉलेज जीवन में उसने सौ के लगभग मीटिंगें आयोजित की होंगी। यद्यपि पहले चन्द्रन को कभी-कभी उससे मिलते हुए डर लगता था, आज उसे उससे मिलने में खुशी हो रही थी, और वह कमरे पर ही मिल भी गया। यह एक संकरा-सा कमरा था जिसकी खिड़की कबीर स्ट्रीट के मोड़ पर खुलती थी; आधे में एक खाट पड़ी हुई थी, और दूसरे आधे भाग में एक बड़ी-सी मेज़ रखी थी, जिस पर किताबों का ढेर लगा था। दरवाज़ा खोलने के बाद खाट पर कूदकर बैठना पड़ता था। नटेसन गोल किए बिस्तर पर पीठ टिकाए पढ़ रहा था। उसे चन्द्रन को देखकर बहुत खुशी हुई और उसे भी अपने साथ खाट पर बिठा लिया।

चन्द्रन ने अपना दुखड़ा बयान करना शुरू कर दिया, "उद्घाटन के दिन क्या करना होता है?"

"एक लम्बा-सा भाषण दिया जाता है, चेयरमैन वक्ता को धन्यवाद देता है, फिर सेक्रेटरी वक्ता और चेयरमैन दोनों को धन्यवाद देता है, और इसके बाद लोग घर चले जाते हैं।"

"चाय-वाय कुछ नहीं होती?"

"अरे नहीं। ऐसा कुछ नहीं होता। चाय के पैसे कौन देगा?"

इसके बाद भी चन्द्रन का दिमाग़ साफ़ नहीं हुआ तो नटेसन ने कहा कि प्रिंसिपल से भाषण दिलवा लो, प्रोफ़ेसर राघवाचार अध्यक्षता कर लेंगे। इसके बाद चन्द्रन की समझ में आया कि सेक्रेटरी की ज़िन्दगी कितनी परेशानियों की होती है। अब उसके मन में इन लोगों के लिए, जो ये काम करते हैं, जैसे नटेसन, और लिटरेरी एसोसिएशन का सेक्रेटरी आलम, फ़िलासफ़ी एसोसिएशन के राजन, और इकानामिक्स एसोसिएशन के सेक्रेटरी मूर्ति, सभी के लिए प्रशंसा का भाव जागा—इनकी सेवाओं के बिना कॉलेज की कोई भी मीटिंग नहीं हो सकती थी। चन्द्रन को महसूस हुआ कि इन मीटिंगों में जो दिखाई या सुनाई देता हैं, उसने ज़्यादा बहुत कुछ होता है। हर मीटिंग निस्वार्थ सेवा और मानवी उद्योग की ज़बरदस्त मिसाल होती है। क्योंकि सेक्रेटरी को इस सब परिश्रम का क्या फल मिलता है? न अधिकारी लोग कोई विशेष सम्मान देते हैं, न परीक्षा में कुछ और नम्बर दिए जाते हैं। दरअसल उलटा ही होता है। कुछ ग़लत हो जाए तो साथी मज़ाक उड़ाते हैं और प्रोफ़ेसर गुस्सा होते हैं। सेक्रेटरी की परेशानियां ये हैं : मीटिंग की तारीख के बारे में दूसरे सेक्रेटरियों से झगड़े, अच्छे स्पीकर की तलाश, उसके लिए रोचक विषय की तलाश, फिर श्रोताओं को इकट्ठा करने का उद्यम।

इस दिन चन्द्रन ने प्रिंसिपल से मिलने के लिए दो पीरियड मिस किए। उनके दफ्तर के बाहर कुंडली मारकर बैठा चपरासी उसे भीतर जाने ही नहीं दे रहा था। चन्द्रन ने उससे बहुत प्रार्थना की, भीख-सी माँगी, लेकिन वह टस से मस नहीं हुआ। वह फुसफुसाकर बोलता था, और चन्द्रन से भी इसी तरह बुलवाता था। चन्द्रन ने फुसफुसाकर भीतर जाने की आज्ञा माँगी, फुसफुसाकर प्रार्थना की, फिर फुसफुसाकर धमकी भी दी, गाली भी दी, लेकिन उसके मान पर जूँ तक नहीं रेंगी।

उसने स्पष्ट कह दिया, "मुझे साहब ने आज्ञा दी है कि किसी को भीतर न जाने दूँ।" वह बूढ़ा आदमी था, कॉलेज की सेवा में, यानी इसी तरह दफ्तर के सामने चौकड़ी मारकर बैठे रहने में, उसके बाल सफेद हुए थे। उसका नाम था अज़ीज़।

चन्द्रन ने मुलायम पड़कर कहा, "अज़ीज़ मियाँ, मेरी बात सुनिये," इस वक्त कोई उनसे क्यों नहीं मिल सकता?

"यह मैं उनसे कैसे पूछ सकता हूँ। वे बहुत बिज़ी हैं। मुझे किसी को जाने देने की इजाज़त नहीं है।"

"किस काम में बिज़ी हैं?"

"तुम्हें यह पूछने का क्या हक़ है?" उसने अकड़कर कहा।

"उन्हें हर महीने हज़ार रुपये क्यों दिए जाते हैं—इसलिए कि दरवाज़े के भीतर बैठे रहें और हरेक से मिलने से इनकार कर दें?"

यह सुनकर चपरासी अपना-आपा खो बैठा और बोला, "तुम यह पूछने वाले कौन होते हो?" चन्द्रन ने इसका भी कुछ तीखा जवाब दिया, और इस तरह कई सवाल-जवाब हुए, लेकिन फुसफुसाकर बोलने के कारण उस पर दबाव भी बहुत पड़ रहा था। उसने महसूस कर लिया था कि गर्मागर्मी से कोई बात नहीं बनेगी। इसलिए उसने कुछ और तरीका अपनाने का फ़ैसला किया।

उसने कहा, "अज़ीज़ मियाँ, मेरे पास एक पुराना कोट है जिसमें एक भी छेद-वेद नहीं है। आप कल सवेरे आकर इसे ले जाएँ।"

"किस वक्त?"

"जब ठीक समझें? मैं लॉली एक्सटेंशन में रहता हूँ।"

"मुझे मालूम है। मैं घर ढूँढ़ लूँगा।"

"अब मुझे परची दे दें।"

चपरासी ने दरवाज़े पर लटके परचियों के गुच्छे में से एक स्लिप निकाल कर उसे दे दी। चन्द्रन ने उसपर अपना नाम लिख दिया और अज़ीज़ उसे भीतर जाकर दे आया। लौटकर उसने इशारा किया कि भीतर जा सकते हो। चन्द्रन ने अपना कोट ठीक किया और भीतर गया।

"गुड मार्निंग, सर!"

"गुड मार्निंग।"

चन्द्रन ने संक्षेप में हिस्टारिकल एसोसिएशन के बारे में बताया और स्पीकर बनने की प्रार्थना की। प्रिंसिपल ने एक काली डायरी निकालकर उसके पन्ने खोले और तारीख़ देखकर कहा : "पन्द्रह की शाम खाली है। ठीक है।"

"थैंक यू, सर," चन्द्रन ने कहा और कुछ मिनट तक उसी तरह खड़ा रहा। वह समझ नहीं पा रहा था कि अब क्या करे। उसका काम तो बहुत जल्द निपट गया था। वह सोचने लगा कि कुछ और कहे या बाहर चला जाए। प्रिंसिपल ने सिगरेट निकाली और बोले, "हाँ...।"

"हम...हम आपकी इस कृपा के लिए बहुत कृतज्ञ हैं, सर!"

"ठीक है। इसकी ज़रूरत नहीं है।"

"अब मैं जा सकता हूँ?"

"ठीक है।"

"थैंक यू, सर। गुड मार्निंग।" यह कहकर वह तेज़ी से बाहर निकल आया। अज़ीज़ के पास से गुज़रते हुए बोला, "कितने ग़लत आदमी हो तुम। मुझे जाने ही नहीं दे रहे थे।"

"बाबू, मुझे ड्यूटी बजाने में भी बदनामी मिलती है। क्या करूँ मैं? तो मैं कल सवेरे आपके घर आ जाऊँ?"

"मैं चपरासी से कह दूँगा कि तुम्हें फाटक से भीतर घुसने न दे।"

"नहीं, बाबू, मैं बहुत गरीब और बूढ़ा हूँ। हमेशा ठंड से ठिठुरता रहता हूँ। मुझ पर रहम करें। कोट दे देंगे तो मैं ज़िन्दगी भर आपके गुण गाऊँगा।"

"ठीक है। आ जाना," चन्द्रन ने फुसफुसाकर कहा और चला आया।

इसके बाद वह राघवाचार के कमरे पर गया और उन्हें बताया कि प्रिंसिपल उद्घाटन भाषण देने के लिए तैयार हो गए हैं। राघवाचार को इस समाचार से प्रसन्नता हुई नहीं लगी। वे जैसे गुर्राये और कुछ देर सोचते रहकर बोले, "मेरा ख़्याल है कि हमारे लिए उनका भाषण बहुत अच्छा नहीं रहेगा।"

"नहीं, सर, वे सही बातें ही बोलेंगे।"

"हो सकता है।"

"और सर, आप अध्यक्षता करेंगे।"

"मेरा ख्याल है...हूँ," इसके आगे कुछ नहीं कहा गया। पिछले दस दिन उनके साथ बिताने के कारण चन्द्रन समझ गया कि चुप रहना उनकी सहमति है।

"अब मैं जा सकता हूँ, सर?"

"ठीक है।"

पन्द्रह नवम्बर का दिन चन्द्रन के लिए बहुत व्यस्त रहा। सवेरे का बहुत ज़्यादा समय उसने शाम की मीटिंग की तैयारी में बिताया।

दो दिन पहले उसने अपने दस्तखत से एक छपा हुआ नोटिस कॉलेज के सारे स्टाफ को, शहर के सब प्रमुख वकीलों, डाक्टरों, अधिकारियों और अध्यापकों में वितरित किया। कॉलेज के हर बोर्ड पर यह नोटिस, सबको निमंत्रित करता नज़र आता था।

इसका परिणाम यह हुआ कि पन्द्रह तारीख की शाम जब वह कॉलेज के लेक्चर हॉल में मंच और मेज़-कुर्सी का इन्तज़ाम कर रहा था, तभी श्रोताओं ने आना शुरू कर दिया।

कॉलेज के चपरासी अज़ीज़ ने भी इन्तज़ाम में उसकी भरपूर मदद की। पुराना कोट पाकर उसका रवैया एकदम बदल गया था। उसने सामने की लाइन में खुद कुर्सियाँ लगाकर उन्हें ठीक-ठाक किया। मंच की मेज़ और कुर्सियाँ भी उसने लगाईं और साफ़ कीं। उसने हिस्टारिकल एसोसिएशन की रंगत ही बदल दी। मंच पर उसने लाल रंग का कपड़ा बिछाया और मेज़ पर हरे रंग की चादर सजा दी। पेट्रोल के लैंप लाकर हॉल में लगा दिये।

श्रोता आने लगे तो चन्द्रन दौड़कर वरांडे में गया और उनका स्वागत करके कुर्सियों तक पहुँचाने लगा। सवा पाँच बजे तक न सिर्फ सामने की, बल्कि गैलरी की सब कुर्सियाँ भर गई थीं, इसके बाद आनेवालों को साइड में खड़े होना पड़ा।

प्रिंसिपल और प्रोफ़ेसर राघवाचार आये और वरांडे में ही रुक गए। चन्द्रन असमंजस में उनके पास गया और भीतर चलने को आमंत्रित किया। प्रिंसिपल ने घड़ी पर नज़र डाली और कहा, "पाँच मिनट और। साढ़े पाँच पर भीतर चलेंगे।"

राघवाचार ने अपना चश्मा ठीक किया और कहा, "यस, यस!"

कुछ और श्रोता आए। चन्द्रन ने उन्हें भीतर भेजा। रामू बराबर उसके साथ था, भाग-दौड़ के काम करता, मदद करता, सवाल पूछता—हालाँकि कई सवालों का उसे जवाब नहीं मिलता था।

"कितनी भीड़ है," रामू बोला।

"बात यह है..." चन्द्रन ने कुछ कहना शुरू किया, कि देखा, एलबर्ट मिशन स्कूल के हेडमास्टर चले आ रहे हैं। वह उनका स्वागत करने दौड़ा। उन्हें भीतर ले जाकर आगे की लाइन में बैठाया और फिर वापस आ गया।

रामू बोला, "लगता है, तुम शहर भर को रात की दावत दे रहे हो।"

चन्द्रन ने बाहर दूर तक नज़र डालते हुए कहा, "लग तो यही रहा है। सिर्फ फूलों, खुशबुओं और सचमुच के खाने की कमी है।"

रामू ने पूछा, "मैं कार्यक्रम के बाद भी तुम्हारा इन्तज़ार करूँ?" लेकिन उसे

जवाब नहीं मिला क्योंकि राघवाचार ने घड़ी देखकर कहा, ''साढ़े पाँच हो गये। अब आरम्भ करें?''

'यस, सर।''

सेक्रेटरी स्पीकर और चेयरमैन दोनों को मंच पर उनकी कुर्सियों तक ले गया, और कोने में रखी तीसरी कुर्सी पर खुद बैठ गया।

आरम्भिक तालियों और नारेबाज़ी के बाद राघवाचार उठे, अपना चश्मा ठीक किया, और बोलना शुरू किया : ''लेडिज़ एण्ड जेंटिलमेन, मैं नहीं समझता कि मुझे आज के वक्ता का परिचय कराने की कोई ज़रूरत है। मैं आप दोनों के बीच ज़्यादा देर खड़ा भी नहीं रहना चाहता, सिर्फ कुछ मिनट में, या कुछ सेकिंडों में ही, इस एसोसिएशन के बारे में आपको कुछ बताकर...,'' लेकिन इसके बाद वे पूरे चालीस मिनट तक हॉल को अपनी दमदार आवाज़ से गुँजाते रहे। उनके भाषण से श्रोताओं को पता चला कि यह हिस्टारिकल एसोसिएशन उनके जीवन का मौलिक विश्वास है, यह वह दृष्टि है जो उनके सारे कार्यों को प्रेरणा देती रही है। श्रोताओं को यह भी ज्ञात हुआ कि मनुष्यता के नब्बे प्रतिशत लोगों में इतिहास की दृष्टि से अंधकार छाया है, और यह एसोसिएशन उसे दूर करने का भरपूर प्रयत्न करेगी। भारतीय इतिहास के विविध पक्षों के बारे में मतभेद की ज़बरदस्त आग जल रही है। लोगों के चारों तरफ़ क्या हो रहा है? सब अपने काम-धंधे में लगे हैं और कुछ महसूस नहीं करते। यदि जनता इन बातों को सही नहीं समझेगी और इनका उपाय करने में मदद नहीं करेगी, तो यह सारी आग किस तरह बुझाई जा सकेगी? एक मिसाल यह है : हम सबने अपनी इतिहास की किताबों में पढ़ा है कि सिराजुद्दौला ने ईस्ट इंडिया कम्पनी के कुछ लोगों को एक छोटे से कमरे में बन्द कर दिया था जिसमें वे सब तड़प-तड़पकर मर गये। इसे कलकत्ते का 'ब्लैक होल' कहा जाता है। इसके बाद कुछ ऐसे बहुत बड़े इतिहासकार प्रकट हुए जिन्होंने कहा कि न कोई ब्लैक था, न होल था, और न कलकत्ता था। लेकिन इसके बारे में राघवाचार ने अपना मत नहीं बताया। उन्होंने श्रोताओं को यही सन्देश दिया, जनता को, शिक्षित समाज को और समूची मानवता को, यह बताया कि भारतीय इतिहास में इस तरह के न जाने कितने अन्दरुनी विवाद छिपे पड़े हैं। सच्चा इतिहास न तो कहानी होता है और न दर्शन। यह सख्त किस्म का विज्ञान है। और हिस्टारिकल एसोसिएशन की इसीलिए ज़रूरत है कि सही पहलू सामने लाये जाएँ। अगर उनसे पूछा जाए कि आज देश की सबसे बड़ी आवश्यकता क्या है, तो वे न स्वराज की बात करेंगे और आर्थिक स्वातंत्र्य की, बल्कि स्पष्ट और शुद्ध भारतीय इतिहास को ही सामने रखेंगे।

इसके बाद उन्होंने फिर कहा कि वह वक्ता और श्रोताओं के बीच खड़े रहना नहीं चाहेंगे, और प्रोफ़ेसर ब्राउन को भाषण के लिए आमंत्रित करके, बैठ गए।

जब प्रोफ़ेसर ब्राउन बोलने खड़े हुए, तब तालियों के शोर से हॉल गूँज उठा। उन्होंने चारों तरफ़ एक नज़र डाली, दाहिना हाथ पैंट में डाला, बायें हाथ से 'कनपटी' को सहलाया और बोलना शुरू किया। उन्होंने चन्द्रन की तरफ़ देखकर कहा, कि जब उन्होंने सेक्रेटरी की प्रार्थना पर इस सभा में बोलना स्वीकार किया था, तब उन्होंने इतनी अपार भीड़ और महत्त्व की सभा की अपेक्षा नहीं की थी। चन्द्रन ने अपनी कुर्सी के हत्थे थपथपाये और नीचे देखकर मुस्कराया, और यह सोचकर खुश हुआ कि उसने प्रिंसिपल को इतना प्रभावित किया है। वक्ता ने कहा कि उसने इस सभा में बोलना यह सोचकर स्वीकार किया था कि बहुत सरल सी संस्था का उद्घाटन करना पड़ेगा। लेकिन प्रोफेसर राघवाचार ने जो कहा, उससे लगा कि यह राष्ट्रीय महत्त्व का कार्य है। यदि उन्हें यह पता होता तो वे सामने रखी कुर्सियों में से किसी एक पर बैठते और भाषण देने का यह कार्य किसी अधिक योग्य व्यक्ति के लिए रहने देते। लेकिन अब कुछ नहीं किया जा सकता। उन्होंने आशा की कि कभी चन्द्रन से इसका बदला चुकाने का अवसर उन्हें प्राप्त होगा।

श्रोताओं ने एक-एक शब्द का पूरा आनन्द लिया। जो लोग ब्राउन की मनोरंजक वक्तृत्व-कला के प्रशंसक थे, वे सन्तुष्ट हुए।

प्रोफेसर ब्राउन ने इतिहास के साथ अपना रिश्ता उस दिन से आरम्भ हुआ बताया, जब वे सॉमरसेट के एक प्राइवेट स्कूल में दाखिल हुए थे, और इसके बाद जब वे आक्सफोर्ड पढ़ने गए, तब उन्होंने इतिहास का विषय अपने शिक्षण से इसलिए निकाल दिया क्योंकि उन्हें यह रात के खटमल की तरह धोखेबाज़ प्रतीत हुआ। इसके बाद डिगरी हासिल करने के लिए उन्होंने साहित्य पढ़ा, परन्तु रोज़ नियमित रूप से इतिहास पढ़ने के लिए भी कुछ घंटे निकालते रहे। अब अगर छात्रों की कापियाँ जाँचने के दौरान बने एक शब्द का यहाँ इस्तेमाल करने की मुझे इजाज़त दी जाए, तो मैं कहूँगा कि मैं मनुष्य के आज तक किए गए सब 'कारनामों' का एक काफ़ी हद तक सही दस्तावेज़ प्रस्तुत कर सकता हूँ। लेकिन मुझसे आप कोई तारीख न पूछें—मुझे सिर्फ एक तारीख याद है—1066।''

इस तरह वे घंटे भर तक श्रोताओं को मंत्रमुग्ध किए बोलते रहे—जिसमें कुछ ज़्यादा गम्भीर नहीं था, कोई महत्त्वपूर्ण बात नहीं थी, लेकिन जो उनके अपने व्यक्तित्व की अभिव्यक्ति थी, मनोरंजक घटनाओं से भरपूर, जिनमें कभी-कभी सत्य की झलक भी चमक उठती थी।

अंत में, बैठने से पहले उन्होंने श्रोताओं को परामर्श दिया—''इतिहास का भी कला की ही भाँति अध्ययन किया जाना चाहिए, जिसमें वह स्वयं अपना उद्देश्य हो; इसलिए यदि इस विषय में आपकी गहरी रुचि हो तो यूनिवर्सिटी छोड़ने के बाद इसकी ओर मुड़ें। क्योंकि यूनिवर्सिटी के बाहर आप इतिहास को किसी भी क्रम में

पढ़ सकते हैं; बीच से शुरू करके पीछे की तरफ जाएँ या जैसे भी आप चाहें, और कोई भी आपसे यह सवाल नहीं करेगा कि आपके छोटे से दिमाग़ में कितने तथ्य प्रवेश कर चुके हैं। सच कहें तो तथ्यों का इतिहास में दूसरा ही स्थान होता है।"

राघवाचार भाषण को सुनते हुए मन-ही-मन जलते-भुनते रहे। यदि वक्ता के स्थान पर कॉलेज के प्रिंसिपल प्रोफ़ेसर ब्राउन के अलावा कोई और होता, तो वे इस भाषण की धज्जियाँ उधेड़कर चारों दिशाओं में उड़ा देते, उसकी ज़बान खींच लेते और काट डालते। भाषण समाप्त होने पर उन्होंने उठकर वक्ता को औपचारिक धन्यवाद दिया और एकदम बैठ गये। इसके बाद स्पीकर तथा चेयरमैन दोनों को इस सभा में बोलने की सहमति देने के लिए हार्दिक धन्यवाद देने के उद्देश्य से चन्द्रन खड़ा हुआ, तो श्रोताओं को संकेत मिल गया कि वे अब उठ सकते हैं और घर भी जा सकते हैं। हॉल में एकदम हल्ला मच गया और सामने बैठे दो-चार लोगों के अलावा किसी को भी उसका कोई शब्द सुनाई नहीं पड़ा।

चन्द्रन ने इस उद्‌घाटन कार्यक्रम तक अपनी पढ़ाई बिलकुल रोक रखी थी। उसने यह सोचकर सन्तोष कर लिया था कि कई महीने तो पहले ही बरबाद हो चुके हैं, उनमें ये पन्द्रह दिन और जुड़ जाएँगे तो ज़्यादा फ़र्क नहीं पड़ेगा। उसने निश्चय किया था कि मीटिंग खत्म होते ही वह पाँच बजे की जगह सवेरे साढ़े चार बजे ही उठना शुरू कर देगा, और इस तरह बरबाद हुए समय की कुछ क्षतिपूर्ति हो जाएगी। इसी के साथ शाम को साढ़े सात बजे घूमकर लौटने के स्थान पर वह सात बजे ही वापस आ जाया करेगा। इससे उसे पिछले प्रोग्राम के सामने एक घंटा ज़्यादा समय मिल जाया करेगा। एक नवम्बर से पन्द्रह नवम्बर तक, छह घंटे रोज़ के हिसाब से, उसके जो नब्बे घंटे नष्ट हुए हैं, उनकी पूर्ति नब्बे दिन में हो जाएगी।

उसकी व्यथित अन्तरात्मा के लिए यह मलहम की तरह था। वह सोच रहा था कि रोज़ साढ़े चार बजे उठने के बाद वह तूफ़ान की तरह पढ़ाई में लग जाया करेगा। लेकिन मनुष्य केवल प्रस्ताव कर सकता है। उसके भाग्य में दो और सुबहें नष्ट करना लिखा था। मीटिंग वाली रात को सोने के लिए जाने से पहले उसने कुछ समय नीचे दरी पर माँ के साथ गपशप करने में बिताया था। उससे यह भी कहा कि कल सवेरे वह साढ़े चार बजे उठ जाएगा।

पिताजी, जो वरांडे में बैठे अखबार पढ़ते लग रहे थे, बोले, "आखिरकार!" चन्द्रन को यह टिप्पणी अच्छी नहीं लगी। लेकिन वह यह सोचकर चुप रहा कि इससे बात आगे नहीं बढ़ेगी। लेकिन पिताजी इस तरह मानने वाले नहीं थे। कुछ देर तक अखबार की खड़खड़ सुनाई देती रही, फिर उनकी आवाज़ आई, "चूँकि यह तीसरी

बार तुम्हारा निश्चय हो रहा है, इसलिए अब यह सफल हो सकता है, क्योंकि हर योजना को दो इम्तहानों से गुज़रना पड़ता है।" चन्द्रन उठा और बाहर वरांडे की तरफ़ बढ़ा। उसके पिता इस वक्त चिढ़ाने के मूड़ में थे। जैसे ही चन्द्रन उधर आया, उन्होंने चश्मे के ऊपर से उसे देखा और पूछा, "तुम मेरी बात से सहमत हो?"

"क्या बात, पिताजी?"

"कि हर योजना को दो इम्तहान देने पड़ते हैं।"

चन्द्रन अचकचाने लगा। बोला, "बात यह है पिताजी, कि अगर यह मीटिंग न होती तो मैं अपने टाइम टेबिल के अनुसार नब्बे घंटे की पढ़ाई कर चुका होता। मैं अब भी इसे पूरा कर लूँगा। कल से मैं किसी से कोई बात नहीं करूँगा।" इसके बाद उसने अपने नए कार्यक्रम का पूरा ब्यौरा दिया।

पिताजी ने कहा कि उन्हें प्रोग्राम से बड़ी खुशी हो रही है। अगर तुम साढ़े चार बजे उठो, तो उसी वक्त मुझे भी उठा देना। मैं चाहता हूँ कि जल्दी उठकर उस चोर को पकड़ूँ जो हमारे फूल चुरा ले जाता है।"

हॉल से माँ की आवाज़ सुनाई दी, "तो, तुमने क़ुछ करने का फ़ैसला कर ही लिया?"

"इसमें मेरी कुछ ग़लती नहीं है," उन्होंने चिल्लाकर कहा, "मैंने तो तारों की जाली लगाने को कहा था।"

"यानी तुम चाहते हो कि चोर फूलों के साथ तार भी चुरा ले जाए?"

पिताजी को यह आरोप अच्छा नहीं लगा।

माँ ने कुछ और कहकर आग में तेल डाल दिया, "बग़ीचे में पच्चीस रुपये महीने का खर्च और देवता की पूजा के लिए फूल की एक पंखड़ी भी नहीं।"

यह सुनकर तो पिताजी फूट पड़े। वे मध्य युग के वीर सिपाही बन गए जो अपने प्यार की खातिर खूंख्वार ड्रेगन भी पकड़कर ले आते हैं। उन्होंने घोषणा की कि कल सवेरे फूल चोर, ज़िन्दा या मुर्दा, पत्नी के पैरों में लाकर डाल देंगे।

दूसरे दिन सवेरे चन्द्रन अलार्म की आवाज़ सुनकर जाग गया। वह पिताजी के कमरे में गया और उन्हें भी उठा आया। इसके बाद वह ठंडे पानी से नहाने बाथरूम में जा घुसा।

दस मिनट बाद चन्द्रन अपनी मेज़ पर बैठा दिखाई दिया। उसने रोशनी ठीक की, कुर्सी को उसके हिसाब से मोड़ा, और सामने रखे टाइम टेबिल को उठाकर देखने लगा।

पिताजी कमरे में आए, उनके हाथ में एक बड़ा-सा डंडा था। उनके पीछे सीनू था, उसके हाथ में भी स्टिक थी। पिताजी की आँखों में शिकारी की चमक थी और सीनू भी उत्साह से उछला पड़ रहा था। चन्द्रन को इनके प्रवेश से परेशानी हो रही

थी। लेकिन पिताजी ने इसके लिए फुसफुसाकर माफी माँगी और बोले, "ज़रा बत्ती बुझा दो। तुम्हारे कमरे में रोशनी देखकर चोर नहीं आएगा।"

"इसकी ज़रूरत नहीं है। आज माँ को पूजा के लिए फूल मिल जाएँगे।"

"वह किसी और दिन आ सकता है।"

"आज से मार्च तक कोई खतरा नहीं है क्योंकि मेरे कमरे की बत्ती हमेशा जलती रहेगी। चोर को यहाँ आने का मौक़ा ही नहीं मिलेगा। इसके बाद चोर को पकड़ेंगे।"

"नहीं। यह तो बड़ी लम्बी योजना है। मुझे तो आज ही पकड़ना है। तुम्हारा एक घंटा बरबाद हो जाएगा, कोई बात नहीं। बाद में पूरा कर लेना।"

चन्द्रन ने लैम्प बुझा दिया और चुप होकर बैठ गया। पिताजी और सीनू बाग़ में चले गए। चन्द्रन कुछ देर कुर्सी में बैठा रहा। फिर खड़ा होकर खिड़की से बाहर देखने लगा। बगीचे में घुप अँधेरा था।

चन्द्रन सोचने लगा कि पिताजी और सीनू क्या कर रहे होंगे। चोर को पकड़ने के काम में उन्हें कितनी सफलता मिल रही थी। उसकी उत्सुकता बढ़ी तो वह भी बाग में चला गया और पेड़ों के सहारे छिप-छिपकर आगे बढ़ने लगा। तभी उसे क्रोटन की एक झाड़ी के पीछे से कुछ फुसफुसाहट सुनाई दी।

"अरे, यह तो चन्द्रन है," एक आवाज़ सुनाई दी।

पिताजी और सीनू यहीं छिपे बैठे थे। वह भी उनमें जा मिला।

"शोर मत करना," पिताजी ने उसके कान में कहा।

चन्द्रन को उनकी योजना सही नहीं लगी। उसने कमान खुद सँभाल ली। एक ही जगह सारी शक्तियाँ जमा कर देना उसे गलत रणनीति लगी। उसने पिताजी को एकदम आगे जाकर गुलाब के पास छिपने को कहा, सीनू को पीछे नज़र रखने को भेजा, और खुद यहाँ भी और वहाँ भी यानी सब जगह, चीते की नज़रों से देखभाल करने को तैनात कर लिया।

लेकिन इस योजना में एक बाधा आ गई। सीनू ने बगीचे के पिछले हिस्से में अपनी तैनाती का विरोध किया। अभी बहुत अँधेरा था और यहाँ का वातावरण कुछ डरावना था। चन्द्रन ने उसे कायर और बहुत सी और बातें कहीं, और उससे पूछा कि ऐसा ही था और वह दूसरों की मदद नहीं कर सकता तो वह बिस्तर छोड़कर ही क्यों आया।

घंटे भर में सूरज निकल आया और उसके प्रकाश में फूलों के पेड़ दिखाई दिए—सब फूलों से खाली हो चुके थे। पिताजी ने उन्हें देखकर कहा, "हमें साढ़े चार नहीं, चार बजे ही उठ जाना चाहिए।"

दूसरे दिन चन्द्रन चार बजे उठ बैठा और पिताजी को साथ लेकर बगीचे में

चला गया। दस मिनट तक कहीं कुछ नहीं हुआ। इसके बाद फाटक के पास एक हलकी-सी आवाज़ सुनाई दी। पिताजी गुलाब की झाड़ी के पीछे छिपे थे और चन्द्रन दीवार के साथ सटा खड़ा था। एक आदमी फाटक से लगी दीवार पर हाँफते हुए चढ़ा और बगीचे में कूद आया। उसने एक क्षण सामने देखा और सधे क़दमों से चम्पा की झाड़ियों की तरफ बढ़ने लगा।

उसने मुश्किल से चार-छह फूल तोड़े होंगे कि पिताजी और पुत्र दोनों युद्ध-ध्वनियाँ करते हुए उस पर चढ़ दौड़े। चन्द्रन को यह देखकर आश्चर्य हुआ कि पिताजी इतने हिंसक हो सकते हैं। दोनों चोर को घर तक खींचकर ले आये, उसे नीचे दबाया, और चिल्लाकर माँ से कहा कि एकदम जग जाओ और लैम्प जलाकर ले आओ।

रोशनी जली तो चोर एक अधेड़ आदमी निकला, जो नंगे बदन था, जटाओं जैसे बाल थे, और वह गेरुआ रंग की लुंगी पहने था—यानी वह संन्यासी था। यह देखकर पिताजी ने अपना हाथ ढीला कर दिया।

माँ चीख-चीखकर कह रही थी, "पकड़े रहो, छोड़ो मत, जाकर पुलिस के हवाले कर दो।" वह उत्तेजना से पागल हो रही थी।

चन्द्रन ने उससे कहा, "तुम कपड़े तो संन्यासी के पहनते हो और काम चोरी का करते हो।"

यह सुनते ही माँ बोली, "संन्यासी है यह?" और उसके कपड़ों पर नज़र डाली। "अच्छा, तो इसे छोड़ दो, जाने दो।" अब वह एकदम डर गई थी। संन्यासी परिवार को शाप दे सकता है! उसने आदर पूर्वक कहा, "महाराज, आप जा सकते हैं।"

चन्द्रन चिढ़ उठा। "अरे वाह, माँ, आप तो हर लम्बे बालों और लाल कपड़े वालों से डर जाती हैं। अगर यह सचमुच संन्यासी है तो ऐसे काम क्यों करता है?"

"क्या किया है मैंने?" चोर ने पूछा।

"बाग़ में कूद कर फूल चुराए हैं।"

"अगर आप फाटक पर ताला डालकर रखेंगे, तो मैं कूदकर ही तो बाग़ में आ सकूँगा। और जहाँ तक फूल चुराने का सवाल है, ये तो ईश्वर की देन हैं। इन्हें देवता पर आप चढ़ायें या मैं चढ़ाऊँ, इससे क्या फ़र्क पड़ता है? दोनों एक ही बात हैं।"

"लेकिन तुम्हें पूछकर लेना चाहिए।"

"इस वक्त आप सोए पड़े होते हैं और मैं किसी को परेशान करना नहीं चाहता। और मैं देर तक इन्तज़ार भी नहीं कर सकता क्योंकि मेरी पूजा सूरज निकलने से पहले होती है।"

माँ ने दखल दिया और कहा, "स्वामी जी, आप जा सकते हैं। फूल भी ले जाएँ। इससे अच्छी बात क्या हो सकती है कि सच्ची पूजा करने वालों को ये दिए जाएँ!"

संन्यासी बोला, "माँ, आपने ठीक कहा। मुझे आप लोगों की आज्ञा ज़रूर ले लेनी चाहिए थी, लेकिन इतने सवेरे यह सम्भव नहीं होता।"

"मैं जागूँगा," चन्द्रन बोला, "कल सवेरे से।"

"माँ, आप अपनी पूजा में इन्हें चढ़ाती हैं," संन्यासी ने पूछा।

"हाँ, हर रोज़। मैं हर रोज़ पूजा करती हूँ।"

"अच्छा! मुझे तो पता ही नहीं था। मेरा ख्याल था कि दूसरे बंगलों की तरह यहाँ भी फूल शोभा के लिए ही खिलाए जाते हैं। मुझे यह जानकर खुशी हो रही है कि भगवान की पूजा में इनका उपयोग होता है। मैं थोड़े-से फूल ले जाता हूँ और बाक़ी आपकी पूजा के लिए छोड़ देता हूँ। अब मैं जा सकता हूँ?" यह कहकर वह हॉल से बाहर निकला और वरांडे की सीढ़ियाँ उतरने लगा।

पिताजी ने चन्द्रन से कहा, "चाभी लेकर फाटक खोल आओ। यह बाहर कैसे निकलेगा?"

"कूदकर निकल जाएगा," उसने तुरशी से कहा और वरांडे की दीवार पर टंगी चाभी उतारने के लिए आगे बढ़ा।

नवम्बर से मार्च तक चन्द्रन बहुत व्यस्त रहा। वह सवेरे चार बजे उठता और रात को ग्यारह बजे बिस्तर पर वापस लौटता। वह अपनी लौह-योजना का अक्षरशः पालन करता रहा। मार्च के आरम्भ तक उसने सभी विषयों की पढ़ाई अच्छी तरह पूरी कर ली थी। फिर भी उसके दिमाग़ में कुछ विषयों की समस्याएँ बरकरार थीं : जैसे, शेक्सपियर के समीक्षकों के बीच कुछ अनसुलझे विवाद, या इतिहास के कुछ कभी न सुलझ सकने वाले प्रश्न, जैसे दक्षिण भारत का मध्ययुगीन इतिहास, ईसाई धर्म के आरम्भिक वर्षों में पोप और राजाओं के बीच की लड़ाइयाँ, और सामंतवाद। उसने अपने दिमाग़ की यह गड़बड़, ज्यों-की-त्यों रहने दीं, दूसरों की तरह उसने भी यह आदत डाल ली कि इन समस्याओं का हल भविष्य में कभी किया जाएगा। इस अस्पष्टता के कारण होने वाली हानि का हिसाब वह इस तरह लगाता था, कि इन अनिश्चित उत्तरों के कारण हर पेपर में उसके तीस नम्बर भी काटे गए, तो सत्तर नम्बर तो उसे प्राप्त हो ही सकेंगे, और इसमें भी लेखन-शैली की कमियों और परीक्षक की आदतों के कारण उसके बीस नम्बर और कम हुए, तो भी हर पेपर में उसे पचास नम्बर तो मिल ही सकते हैं, जो पास होने के नम्बरों से दस ज़्यादा ही रहेंगे।

पढ़ने के अलावा भी उसने इस बीच कई अच्छे काम किए। उसने हिस्टारिकल एसोसिएशन की आठ मीटिंगें आयोजित कीं, और स्वयं भी "मौर्य राजनय के अल्पज्ञात पहलू" विषय पर एक पेपर पढ़ा।

एसोसिएशन के कारण उसके दो अच्छे सम्पर्क भी बने। उसका परिचय क्रान्तिकारी वीरस्वामी और कवि मोहन से हुआ।

वीरस्वामी एक काला, तगड़ा-सा, बाईस साल का आदमी था। एक दिन वह चन्द्रन के पास आया और कहने लगा कि वह "भारत में ब्रिटिश विस्तार के सहायक" विषय पर पेपर पढ़ना चाहता है। चन्द्रन को अच्छा लगा, यह पहली बार किसी बाहरी आदमी ने पेपर पढ़ने की पेशकश की थी। कुछ दिन बाद पैंतीस श्रोताओं के सामने वीरस्वामी ने अपना पेपर पढ़ा। यह बड़ा भयंकर पेपर था जिसमें एसोसिएशन के सामने अंग्रेज़ों की निंदा की गई थी और कहा गया था कि उन्हें बलपूर्वक देश से निकाल दिया जाना चाहिए। प्रोफेसर राघवाचार भी मीटिंग में उपस्थित थे और वे ये बातें सुनकर बड़े परेशान हो रहे थे। दूसरे दिन उन्हें ब्राउन की ओर से, जो देश में ब्रिटिश सम्मान का प्रतिनिधि था, एक पत्र प्राप्त हुआ जिसमें कहा गया था कि भविष्य में एसोसिएशन में पढ़े जाने वाले सभी पेपर पहले उन्हें दिखा लिए जाएँ। इससे चन्द्रन इतना क्रुद्ध हुआ कि उसने एसोसिएशन के सेक्रेटरी पद से इस्तीफ़ा देने का निश्चय कर लिया, और राघवाचार उसे इससे तभी विरत कर सके, जब उन्होंने उसे यह विश्वास दिला दिया कि ऐसा करने पर वह अपनी डिग्री से हाथ धो बैठेगा। चन्द्रन वीरस्वामी से जाकर मिला और उसे बताया कि उसके पेपर ने क्या-क्या परेशानियाँ पैदा कर दी हैं। फिर उसने इसका क्या उपाय किया जा सकता है, यह पूछा, तो वीरस्वामी ने सुझाव दिया कि उसे "साम्राज्यवाद के दाँवपेच" विषय पर एक और पेपर पढ़ने की अनुमति दी जाए, और यह पेपर भी ब्राउन को दिखाए बिना पढ़वा दिया जाए—तब देखें कि ब्राउन क्या करता है। लेकिन चन्द्रन ने इसे बिलकुल स्वीकार नहीं किया, कहा कि वह कॉलेज से निकाला जाना नहीं चाहता। वीरस्वामी ने उसे कायर तो कहा ही, और भी बहुत-सी चुभती हुई बातें कह डालीं। चन्द्रन को लग रहा था कि वह काँटोंदार साही से उलझ रहा है। वीरस्वामी गाली-गलौज और हिंसक सवाल-जवाब में माहिर था। साम्राज्यवाद को वह दानव की तरह खतरनाक मानता था। वह चाहता था कि देश में बाहर से हथियार छिपाकर लाए जाएँ और एक दिन तय करके सब अंग्रेज़ों को खत्म कर दिया जाए। उसने चन्द्रन को बताया कि इस दिशा में वह क्या-क्या कर रहा है। उसकी शिक्षा, सम्पर्क, नींद, और सब कुछ इसी उद्देश्य से संचालित था। उन दिनों में भी वह अनुयायी इकट्ठे कर रहा था। लगता था, इस योजना के सभी पहलुओं पर उसने विस्तार से विचार कर लिया है। भारतवासी बहुत ज़्यादा ग़रीब और भूखे-प्यासे हैं। भूख का उसकी दृष्टि में इलाज यह था कि लोग नारियल और कैक्टस खायें। इस विषय पर वह शीघ्र ही तमिल, तेलुगु और अंग्रेज़ी में परचे छापकर बाँटने वाला था। लोगों की बीमारियों के बारे में उसका कहना था कि अंग्रेज़ इन्हें बढ़ावा देना चाहते हैं, जिससे ब्रिटेन के दवा

बनाने वालों के लिए बाज़ार तैयार हो जाए। इस योजना को खत्म करने के लिए वह प्राकृतिक चिकित्सा का प्रचार करना चाहता था। इस तरह जनता के शरीर पर अपना अधिकार करने के बाद वह उसके दिमागों को प्रभावित करने के लिए काम करेगा। वह ग्रामसेवक का वेश धारण करके बाहर से उनकी सेवा करेगा और भीतर से किसानों को क्रान्ति के लिए तैयार करेगा।

इसके बाद वीरस्वामी ने चन्द्रन को एक मिनट भी शान्ति से नहीं रहने दिया। उसे हमेशा डर लगा रहता था कि वीरस्वामी न मिल जाए, और होता यही था। यदि चन्द्रन रीडिंग रूम जाता तो वीरस्वामी उसे वहाँ जाकर पकड़ लेता, यदि पिंगपोंग के कमरे में जाता तो वहाँ भी नहीं छोड़ता था। इसलिए चन्द्रन ने यह इलाका छोड़कर नदी किनारे एक एकान्त स्थान में जाना शुरू कर दिया। इससे रामू के साथ ग़लतफहमी हुई क्योंकि उसने समझा कि चन्द्रन उससे बच रहा है। शाम के समय भी वीरस्वामी उसकी तलाश में रहता और हर जगह उसे देखता फिरता। मिलने पर वह लगातार बात करता चला जाता, और चन्द्रन तथा रामू बलि के बकरों की तरह उसकी बातें सुनते रहते।

हिस्टारिकल एसोसिएशन के कारण जो दूसरा व्यक्ति उसके सम्पर्क में आया, वह मोहन था, लेकिन वह इतना परेशान नहीं करता था। एक दिन जब चन्द्रन यूनियन के रेस्तराँ में कॉफ़ी पी रहा था, वह उसके पास जाकर बैठ गया और पूछने लगा कि क्या ऐसी मीटिंग आयोजित की जा सकती है, जिसमें लोग अपनी कविताएँ पढ़ें। एक जीते-जागते कवि को अपने सामने देखकर चन्द्रन खुशी से भर उठा। वह कविता बहुत कम पढ़ता था, लेकिन कवियों के लिए उसके मन में बड़ी इज़्ज़त थी। चन्द्रन ने उसे आराम से अपने साथ की कुर्सी पर बिठाया और उसके लिए भी कॉफी मँगवाई।

"क्या तुम्हारी कविताएँ इतिहास से सम्बन्धित हैं?"

"मैं तुम्हारी बात नहीं समझा।"

"मैं जानना चाहूँगा कि क्या उनमें इतिहास के तथ्य वर्णित हैं। जैसे किसी मुगल बादशाह के सम्बन्ध में कोई कविता या ऐसे ही किसी और विषय पर। नहीं तो हिस्टारिकल एसोसिएशन में उन्हें पढ़वाना संभव नहीं होगा।"

"तुम लोगों के दिमाग़ इतने बन्द क्यों हैं? हर चीज़ को अलग-अलग कमरों में रख दिया है। तुम लोग समग्र दृष्टि क्यों नहीं विकसित करते? यह क्यों सोचते हैं कि कविता इतिहास से भिन्न है।"

चन्द्रन ने महसूस किया कि उसे खतरनाक क्षेत्र में घसीटा जा रहा है। इसलिए उसने कहा, "मुझे यह बताओ कि कविताओं के विषय क्या हैं?"

"कविता का विषय होना ज़रूरी क्यों है? वह स्वयं जो है, वही काफ़ी नहीं है?"

चन्द्रन को ये बातें रहस्यमय लगीं। उसने पूछा, "तुम तमिल में लिखते हो या अंग्रेज़ी में?"

"अंग्रेज़ी में लिखता हूँ। यह विश्वभाषा है।"

"तुम लिटरेरी एसोसिएशन में अपनी कविता क्यों नहीं पढ़ते?"

"अच्छा, तो तुम्हारा ख्याल है कि दादी माँ ब्राउन के अध्यक्ष होते हुए उस एसोसिएशन में कुछ हो सकता है! जब तक वह इस कॉलेज में रहेगा, यहाँ कोई मौलिक कार्य नहीं होगा। बहुत द्वेषभाव है उसमें, कोई मौलिक काम उसे बर्दाश्त नहीं। लिटरेरी एसोसिएशन में तो वर्ड्सवर्थ या अठारहवीं सदी के गद्य पर ही पिछले किये कामों की नकल ही पढ़ी जा सकती है। इनके अलावा वह और कुछ पढ़ने नहीं देगा।

"मैं खुद तुम्हारी कविताएँ ज़रूर पढ़ना चाहूँगा, लेकिन इस एसोसिएशन में यह किस प्रकार संभव है, यह समझ नहीं पा रहा।"

"अगर तुमने इतिहास को मानव संस्कृति और उसके विकास के रूप में समझा है, तो तुमको यह समझने में देर नहीं लगेगी कि कविता इसका अभिन्न अंग है। अगर कविता कहीं पढ़ी जानी चाहिए, तो हिस्टारिकल एसोसिएशन ही उसके लिए सर्वोत्तम स्थान है।"

जब उसने राघवाचार से कविता पाठ की बात की तो उन्होंने एकदम इनकार कर दिया। उन्होंने कहा कि वे नहीं चाहते कि गीत-गाने लिखनेवाले इसका वातावरण खराब करें। चन्द्रन ने मोहन को यह बताया तो उसे बहुत दुख हो रहा था। कवि उसे पसन्द आ गया था। उसे उसके अस्पष्ट वक्तव्य बहुत अच्छे लगे थे। उसने मोहन को अपना दोस्त बनाना चाहा। मोहन ने कहा कि वह उसे कविताएँ पढ़कर सुनाएगा। इसके लिए कॉलेज खत्म होने के बाद शाम को ही समय निकाला जा सकता था। इसलिए दूसरे दिन शाम को उसने नदी की सैर स्थगित कर दी और कविता सुनने के लिए रुक गया। रामू ने चन्द्रन को साफ-साफ बता दिया कि इस तरह के मनोरंजन में समय बरबाद करना उसे स्वीकार नहीं है, और वह मोहन के वहाँ आने से पहले वहाँ से चला गया।

चन्द्रन को कमरे में अकेले रहना पसन्द नहीं था, लेकिन कविता के लिए उसने यह कष्ट सहना स्वीकार कर लिया।

मोहन अपनी बगल में बहुत से टाइप किए कागज़ दबाए उसके घर आया। चन्द्रन ने उसे बिठाया और पूछा, "कितनी कविताएँ लाए हो?"

"करीब पच्चीस चुनी हुई कविताएँ।"

"मेरा ख्याल है, सात बजे तक सब खत्म हो जाएँगी। साढ़े सात बजे मुझे पढ़ने बैठना है।"

"हाँ-हाँ, क्यों नहीं।" यह कहकर उसने पढ़ना शुरू किया और रात को देर तक पढ़ता रहा। कविताओं के विषय तरह-तरह के थे—जैसे सड़क पर घास काटता एक आदमी दूर आसमान में चले जा रहे एक ग्रह से बात कर रहा है; या एक मरणासन्न संगीतकार को एक चींटी सन्देश दे रही है। दिमाग़ में आने वाली हर बात पर कविता लिखकर उसने क्रोध, उदासी, निराशा, और प्रतिरोध की भावनाएँ जगाने की चेष्टा की थी। कुछ कविताएँ गेय थीं, कुछ मुक्त छंद, कुछ का आरम्भ था तो अंत नहीं था, कुछ का मध्य खाली था। लेकिन सभी कविताओं में रहस्यमयता थी। कुछ देर तक तो चन्द्रन ने उन्हें समझने की कोशिश की, लेकिन इसके बाद यह प्रयत्न करना छोड़ दिया। वह चुपचाप बैठा देर तक कवि की रचनाएँ सुनता रहा। जब उसने आखिरी पच्चीसवीं कविता खत्म की, तब उसने चैन की साँस ली। घड़ी में सवा सात बज रहे थे। चन्द्रन ने कहा, "थोड़ी दूर घूम आएँ।"

चन्द्रन के सिर में हलका दर्द होने लगा था। कविताएँ पढ़ते-पढ़ते कवि का गला बैठ गया था। घूमते-घूमते चन्द्रन ने सुझाव दिया, "तुम इन्हें अखबारों में छपवाने का प्रयत्न क्यों नहीं करते?"

उसने जवाब दिया, "हर डाक से मेरी कविताएँ लौट आती हैं। पिछले पाँच साल से मैं इन्हें छपवाने की कोशिश कर रहा हूँ। मैंने दुनिया भर के हर अखबार और पत्रिकाओं में इन्हें छपवाने की कोशिश की है—इंग्लैंड, अमेरिका, कनाडा, द. अफ्रीका, आस्ट्रेलिया, और अपने देश में भी—और इस पर मैंने काफी पैसा बरबाद कर दिया है।"

चन्द्रन ने इस पर भी इतनी ज़्यादा कविता लिखते रहने के लिए उसकी प्रशंसा की।

"मैं साँस लेने की तरह कविता लिखना रोक नहीं पाता," कवि ने कहा, "मैं तब तक लिखता रहूँगा, जब तक मेरी उँगलियों को लकवा नहीं मार जाता। रोज़ कुछ न कुछ लिखता हूँ। मैं क्लास वाली किताबें बिलकुल नहीं पढ़ता, और जानता हूँ कि फेल हो जाऊँगा, लेकिन इसकी मैं कतई परवाह नहीं करता। मुझे उम्मीद है कि किसी-न-किसी दिन मुझे कोई समझदार सम्पादक या प्रकाशक ज़रूर मिल जाएगा।"

चन्द्रन ने पूरा विश्वास जताते हुए घोषणा की, "तुम बहुत जल्द मशहूर हो जाओगे।"

मार्च तक चन्द्रन का वज़न छह पौंड कम हो गया। वह पढ़ाई करने के अलावा न कुछ सोचता था, न किसी से मिलता था, न कुछ और करता था। कॉलेज में अब क्लास रूम और उनमें दिए जाने वाले लेक्चर ही महत्त्वपूर्ण रह गए थे, बाक़ी सब

बन्द पड़ा था। हर व्यक्ति हमेशा व्यस्त और गम्भीर बना रहता था। अब गणपति ने भी दूसरों की आलोचना में समय बिताने के स्थान पर अब क्लास में ही बोलने का निश्चय कर लिया लगता था, जिससे छात्रों को ज़्यादा लाभ मिले।

सत्र समाप्त होने के आखिरी दिन लग रहा था, जैसे सब कुछ समाप्त हो गया है। हर प्रोफेसर और लेक्चरर ने अपना कोर्स पूरा करके किताबें बन्द कर दीं। ब्राउन ने सोफ़ोक्लीज़ समाप्त करके आशा व्यक्त की कि उनके छात्र परीक्षाओं के बाद भी साहित्य में रुचि लेते रहेंगे। उनके कक्षा छोड़ते समय ज़ोर-ज़ोर से तालियाँ बजने लगीं। गणपति ने 'ऑथेलो' की किताब बन्द करके आशा व्यक्त की कि उन्होंने अपना विषय छात्रों को सही-सही समझा दिया है; यह भी आशा जताई कि ये लोग परीक्षाओं के बाद इस विषय पर अपनी स्वतंत्र राय बनाने में सफल होंगे। आखिरी दिन का आखिरी पीरियड इतिहास का था। प्रोफेसर राघवाचार ने मान्टेग्यू-चेम्सफोर्ड रिफ़ार्म्स का संक्षेप बताकर फुलस्टॉप लगा दिया, और गुर्राकर यह कहते हुए कक्षा से बाहर चले गए कि कोई भी तालियाँ बजाकर पड़ोसी कक्षाओं को परेशान न करे।

शाम को हरेक कक्षा के अपने सामाजिक कार्यक्रम हुए। केन्द्र में प्रिंसिपल को बिठाकर सब क्लासों के फोटो लिए गए। डटकर लंच खाया गया, कॉफ़ी भी पी गई। गाने गाये गये, भाषण दिए गए, हर किसी ने हर दूसरे को परीक्षा में उत्तीर्ण होने की शुभकामना दी; प्रोफेसरों ने छात्रों से हाथ मिलाए, छात्रों ने भी एक-दूसरे से हाथ मिलाए। सब बहुत भावुक हो रहे थे। विदा होते समय आँसू बहाने के अलावा उन्होंने सब कुछ किया।

जब सभी एक-दूसरे से अलग होकर घर जाने लगे, चन्द्रन सोच रहा था कि उसके कॉलेज-जीवन के अन्तिम क्षण समाप्त हो रहे हैं; पिछले चार वर्षों का सबसे ज़्यादा भाग उसने यहीं बिताया था। कल से उसके जीवन में कॉलेज समाप्त हो जाएगा। पन्द्रह दिन बात वह फिर यहाँ परीक्षाएँ देने आएगा, और—आशा तो यही है कि—पास भी हो जाएगा, और उसी के साथ हमेशा-हमेशा के लिए एलबर्ट कॉलेज छोड़कर दुनिया की ज़िन्दगी में शामिल हो जाएगा। इस वक्त वह बहुत भावुक हो उठा था।

2

चन्द्रन के बी.ए. पास करने के छह महीने बाद उसके सम्बन्धियों तथा परिवार के बुजुर्गों से सन्देश आने लगे कि अब उसे क्या करना है, यह उसे निश्चित कर लेना चाहिए। इस समय तक उसे यह विचार तक नहीं आया था कि उसे कुछ करना चाहिए। अब वह जहाँ भी जाता, हर कोई उससे प्रश्न करता, ''अब तुम क्या करना चाहते हो?''

वह कहता, ''मैंने इसके बारे में कुछ नहीं सोचा है।''

''कानून की पढ़ाई करने मद्रास क्यों नहीं चले जाते?''

नेल्लोर में उसके एक चाचा थे जिन्होंने उसे लिखा कि अब उसे कुछ करना चाहिए और जीवन में स्थिर होने का प्रयत्न करना चाहिए। माँ के एक चचेरे भाई थे जिन्होंने उसे कानून पढ़ने की सलाह दी। मद्रास के चाचा ने तो यह भी कहा कि मालगुडी में ही बने रहने से उसका कुछ नहीं बनेगा, अब उसे किसी बड़े शहर में जाकर लोगों से मिलना-जुलना चाहिए। उन्हें लोगों में अपार विश्वास था। उन्होंने खुद कहा कि वे किसी बड़े आदमी के नाम परिचय-पत्र देंगे, जो रेलवे में ऑडिटर हैं, जो किसी अपने से भी बड़े आदमी के नाम परिचय-पत्र देंगे, और इस तरह चन्द्रन रेलवे में नौकरी पा जाएगा। ये चाचा परिचय-पत्रों के अनंत सपनों में खोये रहते लगते थे। उनके कई सम्बन्धी, ज़्यादातर स्त्रियाँ, उनसे प्रश्न करतीं कि वे आई.सी.एस. या इंडियन ऑडिट सर्विस की परीक्षा में क्यों नहीं बैठ जाते। चन्द्रन को अच्छा लगता कि लोग उसके बारे में इतना सोचते हैं। लेकिन कुछ लोग ऐसे भी थे जो मानते थे कि व्यापार करने जैसा और कुछ भी नहीं है : थोड़ी-सी पूँजी लगाकर दुकान खोल दो और आज़ादी से कमाई करते रहो। बहुत से लोग राय देते कि किसी सरकारी दफ्तर में क्लर्क बन जाओ। उनका कहना था कि सरकारी नौकरी जैसा कोई काम नहीं है, पहली तारीख को पगार मिल जाती है, सुरक्षा अलग से है। चन्द्रन को इन

सब सलाह-मशवरों से परेशानी होने लगी। एक दिन सवेरे जब उसके पिता बगीचे में फूल तराश रहे थे, उसने उनके सामने अपना दिल खोल दिया।

"पिताजी, मुझे लगता है कि बी.ए. पास करके मैंने अच्छा नहीं किया।"

"क्यों बेटा?"

"हर आदमी मेरे कैरियर के बारे में राय दे रहा है। ये लोग अपने काम पर ध्यान क्यों नहीं देते?"

"अरे, यह तो दुनिया का नियम है। इससे तुम्हें परेशान नहीं होना चाहिए। इसका मतलब यह है कि लोग तुम्हारे बारे में सोचते हैं।"

अब दोनों चन्द्रन के भविष्य के बारे में सोचने लगे। पिताजी को लगा कि बेटा इंग्लैंड जाना चाहता है, कि वहाँ जाकर कुछ करे। वे खुद इस विचार को ग़लत नहीं समझते थे।

"इंग्लैंड में तुम क्या करना चाहते हो?"

"मैं डॉक्टरेट या ऐसी कोई डिग्री लेकर आना चाहता हूँ, और शान्ति से कहीं लेक्चरर बनकर रहना मुझे अच्छा लगेगा। इसमें काफ़ी आज़ादी और खाली समय होता है।"

इस बातचीत के बाद चन्द्रन मुक्त मन लेकर घूमने लगा। सलाह देने वालों से वह झटपट कहता, "मैं अगले साल इंग्लैंड जा रहा हूँ।" कुछ लोग सवाल करते कि अभी क्यों नहीं चला जाता, तो चन्द्रन जवाब देता, "आदमी सोचते ही तो इंग्लैंड नहीं जा सकता–कुछ तैयारी करनी पड़ती है। जा सकता है?"

और अब, कॉलेज और पढ़ाई, उसे बाँधने वाली किसी भी चीज़ के अभाव में, चन्द्रन कुछ ऐसी आज़ादी का आनन्द ले रहा था, जैसी उसे ज़िन्दगी-भर कभी नहीं मिली थी। प्राइमरी से बी.ए. पास करने तक, सोलह साल की इस अवधि में, छह महीने की लम्बी छुट्टी उसे कभी नहीं मिली थी। नतीजा निकलने के बाद रामू तो एकदम ग़ायब हो गया था। पहले वह बम्बई गया, जहाँ उसने नौकरी की तलाश की, फिर उत्तर भारत में घूमता रहा, यहाँ भी उसे कोई सफलता नहीं मिली। इसके बाद चन्द्रन को एक पोस्टकार्ड प्राप्त हुआ जिसमें रामू ने लिखा था कि उसने पूना में कानून पढ़ना शुरू कर दिया है।

इसलिए चन्द्रन को रामू के बिना अपनी ज़िन्दगी चलाने के लिए विवश होना पड़ा। उसने शहर की सार्वजनिक लायब्रेरी की सदस्यता ले ली और ढेर सारे किस्से-कहानियाँ और सामान्य साहित्य पढ़ डाला। यहाँ उसका कारलायल से परिचय हुआ। उसने पाया कि शेक्सपियर ने सचमुच कई प्रभावशाली नाटक लिखे हैं, और कई कवि उतने बुरे नहीं हैं जितना उन्हें बताया जाता है। उसके पढ़ने में कोई योजना या क्रम नहीं होता था। जो भी उसे मिलता पढ़ डालता था। हलका व्यंग्य पढ़कर

वह कारलायल की रचनाएँ पढ़ने लगता, फिर शेक्सपियर पर चढ़ दौड़ता, और इसके बाद शॉ और वेल्स को उठा लेता। वह सिर्फ यह देखता था कि रचना रोचक है या नहीं, ज़रा भी बोरिंग हुई तो वह किताब को चटाख से बन्द कर देता था।

इस तरह दिन का ज़्यादातर समय किताबों के साथ बिताने के बाद शाम के समय वह दूर तक टहलने निकल जाता था, बिलकुल अकेला, क्योंकि उसके सारे दोस्त बाहर चले गये थे। नदी के किनारे वह देर तक टहलता रहता, रात को देर से लौटता, फिर एक-दो घंटे घरवालों से गपशप करता, फिर सोते हुए भी थोड़ी देर पढ़ता। जल्द ही वह इसमें रम गया और शान्ति का यह जीवन उसे पसन्द आने लगा। हर रोज़ वह कोई नई चीज़ पढ़ता, इसके बाद क्या होगा, यह उत्सुकता मन में लिए वह गहरी नींद में सो जाता।

नदी किनारे इस तरह घूमते हुए उसने मालती को देखा, और सोचने लगा कि अब उसे और किसी वस्तु की ज़रूरत नहीं रही, उसका दिमाग़ इससे पूरी तरह भर गया है। दो लोगों के बीच ऐसे आकर्षण की व्याख्या नहीं की जा सकती, यह बस हो जाता है।

उस शाम वह नदी किनारे यूँ ही घूम रहा था, कि उसे लगभग पन्द्रह साल की एक लड़की दिखाई दी, जो अपनी छोटी बहन के साथ रेत में खेल रही थी। चन्द्रन की आदत थी कि नदी किनारे घूमने-फिरने वाली हर लड़की को हमेशा घूरता था, लेकिन इस लड़की में उसे ऐसा कुछ दिखाई दिया जिसमें उसकी ज़बरदस्त रुचि उत्पन्न हो गई। जिस अदा से वह बैठी थी, और जिस तरह बच्ची के साथ खेल रही थी, और जिस तरह वह रेत में हाथ डालकर उन्हें ऊपर उठाती, वह उसे बहुत आकर्षक लगा। उसने क्षण-भर के लिए ही उसे इस मुद्रा में देखा होगा, लेकिन उसे लगा कि सारी ज़िन्दगी यही दृश्य देखते हुए बिता दे। लेकिन यह संभव नहीं था, वहाँ और भी बहुत से लोग थे।

वह आगे बढ़ गया। कुछ कदम चलकर उसे पीछे लौटने की इच्छा हुई, कि लड़की को दोबारा देखे। लेकिन यह भी सम्भव नहीं हुआ। उसे अचानक लगा कि रेत पर बैठे सारे लोग उसे ही देख रहे हैं।

हमेशा की तरह वह नल्लप्पा की झाड़ी तक गया, नदी पार की, दूसरे किनारे पर पहुँचा और खेतों में घूमने लगा, लेकिन उसे लगा कि वह लड़की को भूल नहीं पा रहा है। इसकी उम्र क्या होगी? चौदह की हो सकती है। पन्द्रह या सोलह की भी हो सकती है। अगर चौदह से ज़्यादा हुई तो शादीशुदा होगी। यह सोचकर उसे निराशा हुई। शादीशुदा लड़की के बारे में सोचने से क्या लाभ? यह ग़लत बात होगी।

उसने बलपूर्वक अपना विचार मोड़ने की कोशिश की। इस वक्त उसके दिमाग़ में इंग्लैंड जाने की बात चल रही थी, इसी के बारे में और भी बातें सोचने की कोशिश करने लगा। अगर इंग्लैंड गया तो उसे कैसे कपड़े पहनने होंगे? उसे टाई, जूते, कोट, हैट और काँटे-छुरी का अभ्यास करना होगा। इंग्लैंड से फर्स्ट क्लास डिग्री लेकर आएगा, फिर शादी करेगा। लेकिन शादीशुदा लड़की के बारे में सोचना उचित नहीं है। लेकिन हो सकता है, लड़की अभी तक कुँवारी ही हो! उसके माँ-बाप आधुनिक और दकियानूस न हों, और इसलिए उन्होंने लड़की की इतनी जल्दी शादी न की हो। वह विश्लेषण करने लगा कि इस लड़की के बारे में वह इतना क्यों सोच रहा है? क्या वह बहुत सुन्दर है? कौन जाने! इससे पहले तो इसे कभी नहीं देखा। लेकिन वह कैसे कह सकता है कि यही दुनिया की सबसे सुन्दर लड़की है? लेकिन यह तो उसने कहा ही नहीं! कहा था क्या? नहीं, तो उसी के बारे में क्यों सोचे चला जा रहा है? चन्द्रन को इस घटना पर ताज्जुब हो रहा था, ज़बरदस्त ताज्जुब, कि ऐसा उसके साथ क्यों हो रहा है?

इसके बाद उसे विचार आया कि उसका नाम क्या हो सकता है? बिलकुल लक्ष्मी की तरह लगती है। यह कितना सुन्दर नाम है, धन-सम्पत्ति की देवी, भगवान विष्णु की पत्नी, जो जीव मात्र के रक्षक हैं।

रात को वह इन्हीं विचारों में डूबता-उतराता घर लौटा। पाँच बजे शाम को उसे देखा था, और नौ बजे तक उसी के बारे में सोचता रहा।

भोजन करने के बाद वह हॉल में पड़ी दरी पर सोने के लिए लेटा नहीं, बल्कि अपने कमरे में जाकर अकेला बैठ गया। कुछ पढ़ने की कोशिश की; वेल्स का 'टोनो बंगे' खोला, और जहाँ तक पहले पढ़ा था, उससे आगे पढ़ने की कोशिश करने लगा। पहले तो यह किताब उसे बहुत अच्छी लगी थी, अब बोरिंग लगने लगी। उसने किताब बन्द कर दी और सामने की दीवार पर देखने लगा। तभी उसे लगा कि अँधेरे में ज़्यादा आराम मिलेगा तो उसने लैम्प बुझा दिया और कुर्सी पर चुप होकर बैठ गया। अच्छा, कुँवारी होते हुए भी अगर वह किसी और जाति की हुई तो क्या होगा? अपनी ही जाति की होते हुए भी किसी उप जाति की हुई, तो भी शादी नहीं हो सकेगी। अगर भारत को उन्नति करनी है तो जाति, धर्म, सम्प्रदाय, उपजाति और इस तरह के बहुत से दूसरे बंधनों से भी उसे मुक्त होना होगा। उसे बहुत गुस्सा आ रहा था। उसने तय किया कि लड़की किसी भी जाति की हो, उसी से शादी करके वह समाज में एक मिसाल कायम करेगा।

दूसरे दिन उसने बड़ी सावधानी से शेव की, अपने बालों को बड़ी देर तक काढ़ा और शाम होने की प्रतीक्षा करने लगा। शाम हुई तो चाकलेटी रंग का अपना ट्वीड का कोट पहनकर बाहर निकला। पाँच बजे रेत पर उसी जगह के पास, जहाँ

उसने लड़की को देखा था, जाकर बैठ गया। वह दो घंटे से ज़्यादा वहाँ बैठा रहा, लेकिन लड़की नहीं आई। शहर के दर्जनों लोग चारों तरफ बैठे और घूम-फिर रहे थे, लेकिन यह लड़की कहीं नहीं दिखाई दी। चन्द्रन उठा और सबको चोर नज़रों से देखते हुए धीरे-धीरे आगे बढ़ने लगा। वह बड़े ध्यान से उसे ढूँढ़ रहा था, लेकिन कोई नतीजा नहीं निकला। वह क्यों नहीं आई? नदी की तरफ साड़ी पहने बढ़ती हुई कोई भी शक्ल दिखाई देती, तो उसके दिल की धड़कन तेज़ हो जाती। पौने आठ तक इन्तज़ार करने के बाद उसने घर का रुख़ किया—रास्ते भर सोचता रहा कि शेव, ब्रिलिएंटाइन, इस्तरी किए ट्वीड के कोट, किसी भी चीज़ का कोई परिणाम नहीं निकला।

दूसरे दिन फिर वह शाम होते ही नदी पर पहुँच गया और पौने आठ तक बेसब्री से इन्तज़ार करता रहा, लेकिन निराश होकर ही वापस लौटा! रात भर बिस्तर पर पड़ा तड़पता रहा अर्धचेतन अवस्था में बार-बार उसके मुँह से एक ही शब्द निकलता रहा—'लक्ष्मी', 'लक्ष्मी'। इसके बाद अचानक वह चौकन्ना हो उठा और हँसने लगा। उसने सोचा कि लड़की शायद उसे एक ही बार और हमेशा के लिए मिली थी, और सम्भव यही है कि उसकी जाति भी अलग होगी और वह शादीशुदा भी होगी। वह कितना बेवकूफ़ था कि पूरे तीन दिन और रात बराबर उसी के बारे में सोचता रहा। यह तो बड़ी हास्यास्पद स्थिति थी, और अब उसे गम्भीर हो जाना चाहिए। खाली दिमाग़ में उल्लू अण्डे देते हैं। सच बात है। नौ महीने तक आराम करने के कारण दिमाग का यह हाल हो गया था।

सवेरे सोकर उठा तो चेहरा उजड़ा हुआ था। माँ ने पूछा कि तबियत तो खराब नहीं है। चन्द्रन को लगा कि कुछ सफ़ाई देना ज़रूरी है, इसलिए उसने कहा कि सिर में तेज़ दर्द हो रहा है। माँ, जो उससे दो इंच छोटी थी, उसके बगल में आ खड़ी हुई, सिर छूकर देखा, फिर कनपटियाँ दबाईं, विशेष कॉफ़ी बनाकर पिलाई, और कहा कि दिन भर घर पर ही आराम करे। चन्द्रन ने सोचा कि इससे अच्छा क्या होगा। उसने तय किया कि न शेव करेगा, न बाल काढ़ेगा, और न कोट पहनकर कहीं बाहर जाएगा। उसे डर था कि अगर बाहर निकला तो कहीं फिर इसी मूर्खतापूर्ण खोज के लिए न चल पड़े।

दिन भर वह कमरे में ही बना रहा। दोपहर बाद पिताजी आए और गपशप कर गए। वह कुर्सी में बैठा इधर-उधर की बातें करता रहा। उसे अचानक सूझा कि मालगुडी छोड़ देना चाहिए। इससे समस्या हल हो जाएगी।

"पिताजी, मैं मद्रास हो आऊँ?"

"ज़रूर। इससे तुम्हारा मन बदल जाएगा।"

"लेकिन इन दिनों वहाँ बहुत गर्मी होगी?"

"हाँ, होगी। कहावत है कि मद्रास साल में दस महीने गर्म रहता है, और दो महीने भुनता रहता है।"

"तो वहाँ जाकर अपनी सेहत क्यों खराब करूँ?" चन्द्रन बोला।

"तो कहीं और चले जाओ। बंगलोर में तुम्हारी चाची है, वहाँ जा सकते हो।"

"वहाँ नहीं जाऊँगा। हर वक्त वह बताती रहेगी कि उसने अपनी बेटी के लिए क्या-क्या ज़ेवर खरीदे हैं। मैं उसे बरदाश्त नहीं कर सकता।" उसने तय किया कि दुनिया में सबसे अच्छी जगह अपना घर ही है, और वहीं बने रहना तय किया।

तीन बजे माँ आकर पूछने लगी कि अब कैसी तबियत है। साढ़े चार बजे स्कूल की छुट्टी होते ही सीनू घर आ गया और चन्द्रन की चारपाई के पास खड़ा होकर चुपचाप उसे देखने लगा।

"क्या बात है?" चन्द्रन ने पूछा।

"कुछ नहीं। तुम लेटे क्यों हो?"

"इसे भूल जाओ। स्कूल की कोई खबर दो।"

"हम शनिवार को वाई.एम.यू. से मैच खेल रहे हैं। इसके बाद बोर्ड स्कूल इलेविन से खेलेंगे। यह समझ में नहीं आया कि कैप्टेन ने मोहिदीन को क्यों हटा दिया। इससे उसे बड़ी परेशानी होगी। लोग हेडमास्टर से शिकायत करने की तैयारी कर रहे हैं।"

साढ़े छह के बाद उसे बिस्तर में पड़े रहना असह्य हो उठा। वह उठा, खिड़कियाँ खोल दीं, चेहरा साफ़ किया, बाल काढ़े, कोट पहना–लेकिन ट्वीड वाला नहीं–और बाहर निकल गया। उसने खुद को सलाह दी कि उसे ढेर सारी ताज़ी हवा चाहिए, कसरत वगैरह की भी उसे ज़रूरत है, और सोचने के लिए बहुत सी बातें। कसरत करने वह नदी किनारे नहीं जाएगा, वहाँ बहुत भीड़-भाड़ रहती है। आज वह शहर के एकदम दूसरी ओर, ट्रंक रोड पर घूमने जाएगा। वह मील भर ट्रंक रोड पर टहला, और अचानक लौट पड़ा। फिर लॉली एक्सटेंशन, मार्केट रोड और नार्थ स्ट्रीट होते हुए नदी किनारे आ पहुँचा। अँधेरा हो चुका था और ज़्यादातर लोग घर लौट गए थे।

दूसरे दिन शाम चन्द्रन को नदी किनारे वह फिर दिखाई पड़ी। हरी साड़ी पहने वह अपनी बहन के साथ खेल रही थी। चन्द्रन ने दूर से उसे देखा और जैसे रस्सी में बँधा हुआ उसकी तरफ़ खिंचने लगा। लेकिन पास पहुँचते ही हिम्मत जवाब दे गई और वह एकदम मुड़कर पीछे लौट पड़ा। थोड़ी दूर चलकर वह रुक गया और यह सोचकर अपने को दोष देने लगा कि उसे अपनी शक्ल दिखाने का इतना अच्छा मौका उसने क्यों गँवा दिया–अब फिर पलटकर वह वापस लौटा, कि उसके बहुत

पास से धीरे-धीरे इस तरह गुज़रेगा कि वह किसी-न-किसी तरह उसे देख ले। दूर से तो वह उसे देखता रहा, लेकिन पास पहुँचते ही उसका दिल धड़कने लगा, चेहरे की रौनक़ गायब हो गई, और जब वह उसके बिलकुल सामने से निकला, उसका सिर झुका हुआ था, और सीधे ज़मीन पर नज़रें गड़ाए वह तेज़ी से आगे बढ़ गया। एक ही क्षण में वह उससे कई गज़ आगे निकल आया। फिर एकदम रुका, क्षण से भी कम समय के लिए पीछे नज़र डाली और हरी साड़ी में उसे देखकर पुलकित हो उठा। इससे ज़्यादा देर तक वह उसे नहीं देख सकता था, क्योंकि उसे विश्वास था कि चारों तरफ के सारे लोग उसे ही देख रहे हैं...उसने सोचा कि लड़की ने उसे देख लिया होगा। उसका इस्तरी किया कोट भी ज़रूर देख लिया होगा। या शायद नहीं देखा हो। वह देर तक वहीं खड़ा सोचता रहा कि देख लिया है या नहीं। उसका एक मन तो कहता था कि नहीं देखा होगा क्योंकि वह उसके सामने से तेज़ी से गुज़र गया था और रेत पर बहुत से लोग आ-जा रहे थे। लेकिन दूसरा मन इस विचार को एकदम खारिज कर देता था, क्योंकि जिस तरह उसने उसे भीड़ में एकदम साफ़ देख लिया था, उसी तरह उसने भी हर बाधा के बावजूद उसे निश्चित रूप से देख लिया होगा। नियति इसी तरह काम करती है? चाकलेटी ट्वीड के उसके कड़क इस्तरी किए कोट पर तो ज़रूर उसकी नज़र गई होगी। उसने सोचा कि वहाँ से गुज़रते हुए उसकी चाल भी अच्छी रही होगी। उसने यह भी नोटिस किया होगा कि रख-रखाव में वह दूसरे लोगों से कहीं बेहतर है। इसलिए क्या वह अब दोबारा उसके सामने से इस तरह नहीं गुज़र सकता, कि बिलकुल सीधा और साफ़ उसे दिखाई दे जाए। प्यार में सीधी नज़र को आधी जीत माना जाता है। लेकिन उसके सन्देही आधे मन ने कहा कि इस तरह सीधे सामना करने से वह उसे कहीं हमेशा के लिए न खो दे, कहीं वह नदी पर आना ही न बन्द कर दे; लेकिन दूसरे आधे मन ने यह कहा कि कहीं वह कल नदी पर आए ही नहीं, इसलिए आँखों के परिचय का आज यह जो मौका मिला है, उसे हाथ से नहीं जाने देना चाहिए...अगले लाखों साल तक फिर ऐसा मौका नहीं भी मिल सकता है। इस तरह जब वह अपने आन्तरिक जाऊँ-या-न-जाऊँ संघर्ष में व्यस्त था, उसकी पीठ पर किसी ने हाथ मारा, और उलट कर देखा कि उसके पुराने दोस्त वीरस्वामी और मोहन नज़र आए।

"कैसे हो, चन्द्रन? सालों से नहीं देखा तुम्हें।"

चन्द्रन बोला, "पिछले मार्च में ही तो मिले थे। एक साल भी नहीं बीता।"

मोहन ने पूछा, "चन्द्रन, वह शाम याद है जब तुम्हारे कमरे में मैंने तुम्हें कविताएँ सुनाई थीं?"

"हाँ-हाँ, क्यों नहीं? क्या हुआ उन कविताओं का?"

"उसी तरह मेरे पास हैं।"

चन्द्रन को इस समय उनका मिलना अच्छा नहीं लग रहा था। उसने किसी तरह वहाँ से जाने की कोशिश की। लेकिन वीरस्वामी इसके लिए तैयार नहीं था। बोला, "हाँ, एक साल हो गया हमें मिले। मैं तो किसी पुराने दोस्त से मिलने को तड़प रहा हूँ, और तुम इस तरह पीछा छुड़ाना चाहते हो। चलो, किसी रेस्तरां में बैठकर काफ़ी पीते हैं।" यह कहकर उसने चन्द्रन की बाँह में हाथ डाल दिया और उसे साथ ले चला। चन्द्रन ने प्रतिरोध किया, "आज नहीं। इस वक्त किसी से मिलने जा रहा हूँ। उससे वादा किया है...।" यह कहकर उसने हरी साड़ी की सीध में नदी की तरफ इशारा किया। तीनों उसी तरफ चल पड़े। मोहन ने तीन दफ़ा पूछा कि अब वह क्या कर रहा है, लेकिन उसे कोई जवाब नहीं मिला। वीरस्वामी बोलता चला जा रहा था। चन्द्रन उसकी बातें सुनने का दिखावा कर रहा था और बार-बार साड़ी की तरफ़ नज़र डाल लेता था—लेकिन चौकन्ना रहता था कि उसके साथी यह न देख पाएँ। अंत में जब वे उसके ठीक सामने से गुज़रे उसने इतने कम समय के लिए उसकी तरफ़ देखा कि वह एक हरा धब्बा-सा लगी...। नदी से लौटने तक वह सिर्फ दो दफ़ा इधर देख पाया था। उसे अपने दोस्तों से ज़बरदस्त नफ़रत हो रही थी।

"चन्द्रन, तुम अब क्या कर रहे हो?" मोहन ने हार नहीं मानी थी।

"अभी तो कुछ भी नहीं। कुछ महीने बाद इंग्लैंड जा रहा हूँ।"

यह सुनकर वीरस्वामी ने इंग्लैंड जाने के विरोध में एक भाषण शुरू कर दिया, "हम इंग्लैंड से क्या सीख सकते हैं? ईश्वर जाने, वहाँ जाने की यह लालसा कब खत्म होगी। इससे देश के साधन नष्ट होते हैं। उनसे क्या सीखा जा सकता है, कुछ भी नहीं।"

चन्द्रन बोला, "लेकिन मैं उनको कुछ सिखाने जाऊँगा।" पहली बार भले ही उसने मुझे न देखा हो, लेकिन दूसरी बार तो ज़रूर देख लिया होगा—इसी कारण उसने उस पर पूरी नज़र नहीं डाली थी। उससे अपनी नज़रें मिलाकर वह उसे परेशान नहीं करना चाहता था।

वीरस्वामी ने कहा, 'हम वैलकम' चलते हैं।" अब वे नदी छोड़ कर नार्थ स्ट्रीट पर आ गये थे।

"कहीं भी चलो," चन्द्रन ने निरुत्साह से कहा।

"तुम किसी बात से परेशान लग रहे हो," वीरस्वामी ने पूछा।

"अरे, कुछ नहीं। मुझे माफ़ करो," चन्द्रन ने झट से कहा और अपने ऊपर काबू पाने की कोशिश की।

ये लोग उससे गप लगाने को आतुर थे, लेकिन वह दूर के ख्यालों से बाहर नहीं निकल पा रहा था।

"मुझे माफ़ करो," उसने फिर कहा।

अब वे 'वेलकम रेस्तराँ' के सामने खड़े थे। छोटी-सी धुएँ से भरी इमारत, जिससे मिठाइयों और धीमे तले जाने की खुशबू निकलकर चारों तरफ फैल रही थी। सड़क से गुज़रते लोग भी इसे महसूस कर रहे थे।

अँधेरे-से हॉल में एक चिकटी हुई मेज़ पर सब जा बैठे। वेटर लड़के खाने-पीने की चीज़ों के नारे लगाते हाथों में कुछ-न-कुछ पकड़े चारों तरफ दौड़ रहे थे। एक ने उनके पास आकर पूछा, "क्या लेंगे, सर?"

"हम क्या लें?"

"तुम क्या लोगे?"

"सिर्फ कॉफ़ी।"

"कुछ खाने के लिए भी लो।"

"बिलकुल नहीं। सिर्फ़ कॉफ़ी।"

"तीन कप काफ़ी लाओ। बढ़िया, कड़क।"

चन्द्रन ने पूछा, "मोहन, तुम क्या कर रहे हो? पास तो हो गये न?"

"नहीं। अटक गया। चाचा ने मुझे काम दिला दिया है। मैं मद्रास के 'डेली मैसेन्जर' का मालगुडी संवाददाता हूँ। सारे ज़िले में काम करता हूँ। वे मुझे 21 इंच के प्रति कालम के साढ़े तीन रुपये देते हैं।"

"अच्छा पैसा बन जाता है?"

"कभी पचास, कभी दस। यह उन्हीं बदमाशों पर निर्भर है। कभी-कभी वे मेरा भेजा सब कुछ काट देते हैं।"

"साधारण नीति का अखबार है," वीरस्वामी ने मज़ाक करते हुए कहा।

"मुझे उनकी नीति से कुछ लेना-देना नहीं है," मोहन ने कहा।

अब चन्द्रन ने वीरस्वामी से पूछा, "और तुम क्या कर रहे हो?"

"यह बताने में मुझे पूरा दिन लगेगा। मैं उद्धार सेना के नाम से आन्दोलन गठित कर रहा हूँ। इसके लिए मुझे काफी दौरा करना पड़ता है।"

"क्या करेगी यह सेना?"

"यह देश को क्रान्ति के लिए तैयार करेगी। मान्टेग्यू-चेम्सफोर्ड रिफार्म्स, साइमन रिपोर्ट और ऐसी सब चीज़ें धोखा हैं। हमारे नेता, कांग्रेस वाले भी, साम्राज्यवादियों के हाथों में खेल रहे हैं। सिविल नाफ़रमानी बचकाना आन्दोलन है। हमारी सेना एक बिलकुल नए ढंग से देश को मुक्त कराएगी। तुम शामिल होगे? मोहन तो सदस्य है।"

चन्द्रन ने वादा किया कि विचार करेगा, और पूछा कि मोहन इसके लिए क्या करने वाला है।

"सब कुछ करेगा। हमें सब तरह के लोग चाहिए—कवि, दार्शनिक, संगीतकार मूर्तिकार और सैनिक...।"

"अभी कितने लोग साथ हैं?"

"पच्चीस लोगों ने सेना की शपथ ले ली है। मेरा ख्याल है कि दो साल में सिर्फ दक्षिण भारत में पचास हज़ार सदस्य हो जाएँगे।"

कॉफ़ी खत्म करके वे उठे। नदी किनारे गए, सिगरेटें सुलगाईं और सारी शाम बातें करते रहे। अलग होने से पहले उन्होंने फिर मिलने का वादा किया, और चन्द्रन ने पूछा कि वे रहते कहाँ हैं।"

वीरस्वामी बोला, "मैं मोहन के साथ रहता हूँ।"

"और तुम कहाँ रहते हो, मोहन?"

"माडर्न इंडियन लॉज, मिल स्ट्रीट, कमरा नं. 14।"

"ठीक है। मैं जरूर कभी आऊँगा," चन्द्रन बोला।

"मंगल के बाद मैं यहाँ नहीं होऊँगा। छह महीने के लिए गाँवों का दौरा करने जा रहा हूँ," वीरस्वामी ने कहा।

चन्द्रन समझ गया था कि नदी किनारे दोस्त और परिचित उसके उद्देश्य के लिए बाधा बन सकते हैं। इसके बाद उसने इन सबको काटने का निश्चय किया। अगली शाम वह इसी विचार के साथ नदी पर गया। उसने यह भी सोच लिया कि वह ज़्यादा हिम्मत से काम करेगा, और लोग क्या देखते और कहते हैं, इस पर भी ध्यान नहीं देगा।

वह अपनी छोटी बहन के साथ वहाँ थी। चन्द्रन, जिस जगह वह बैठी थी, उससे सिर्फ 30 गज़ की दूरी पर जाकर वहाँ जमकर बैठ गया। उसने आज घूरने का भी इरादा कर लिया था। हो सका तो उसकी तरफ देखकर मुस्कराएगा या आँख मारेगा। उसे घूरने के साथ वह उसके रंग-रूप पर भी विस्तार से नज़र डालेगा। अभी तक वह यह भी निश्चय न कर सका था कि वह गोरी है या साँवली, बाल लम्बे हैं या छोटे, आँखें गोल हैं या बादाम-जैसी—उसे उसकी नाक के बारे में भी कई सन्देह थे।

तीस गज़ की दूरी पर बैठा वह हर पाँच सेकिंड बाद उस पर नज़र डाल लेता था। वह बच्ची के साथ खूब खेल रही थी। वह सोचने लगा कि जाऊँ और पूछूँ कि बच्ची उसकी सगी बहन है या चचेरी और उसकी उम्र कितनी है। लेकिन यह विचार उसने छोड़ दिया। बाईस साल का एक जवान इस उम्र की लड़की से जाकर बात करे, यह दृश्य चारों तरफ चल-फिर रहे लोगों को परेशान कर सकता है।

नित्य का यह दर्शन आम बात हो गई। देखकर ही समझने और निर्णय करने का चन्द्रन का गुण भी काफी बढ़ गया, और उसने लड़की के बारे में कई तथ्य इकट्ठे कर लिए। वह एक गहरे रंग की साड़ी और एक हरी साड़ी दिन अदल-बदलकर पहनती थी। वह बच्ची को खिलाने के लिए ही यहाँ आती थी। शुक्रवार को अक्सर वह नहीं आती थी और बुध को देर से आती थी। चन्द्रन ने इससे यह नतीजा निकाला कि शुक्र को वह मन्दिर जाती है और बुध को संगीत या सिलाई सिखाने वाला मास्टर आता है। उसने यह भी निष्कर्ष निकाला कि उसका स्वभाव धार्मिक है और संगीत या सिलाई-कढ़ाई में वह निपुण है। उसकी नियमितता को देखकर उसे लगा कि उसकी आदतें अनुशासित हैं। वह बच्ची के साथ खूब खेलती है, इससे यह कहा जा सकता है कि व्यवहार में वह मधुर है। उसे यह भी निश्चित लगा कि उसका कोई भाई नहीं है, नहीं तो वह पहुँचाने या लिवाने ज़रूर आता। इससे उत्साहित होकर उसने सोचा कि जब वह वापस घर जाती है, तब उसे रोककर बातचीत क्यों न कर ले। फिर उसे उसके घर छोड़ आए। यह रोज़ की बात हो जाएगी तो कितनी अच्छी बात होगी। वह सोच-सोचकर उसके साथ अच्छी-अच्छी बातें करेगा। जब लोगों का आना-जाना खत्म हो जाया करेगा, तब वे चाँद या सितारों की जादुई रोशनी में बातें करते हुए जाएँगे। वह घर से कुछ कदम पहले ही उसे छोड़ देगा। उस वक्त कितनी मिठास होगी, और कितना दर्द भी...यह ध्यान देने की बात है कि इन कल्पनाओं में बच्ची का कहीं स्थान नहीं है, वह या तो आएगी ही नहीं, और आएगी भी तो अकेली घर चली जाएगी।

इस तरह उस शाम इन विचारों में डूबता-उतराता चन्द्रन प्रसन्न होता रहा। काफ़ी देर होने पर वह घर लौटा, ईश्वर में अपना ध्यान केन्द्रित किया और उससे प्रार्थना की कि इस रोमांस में उसे सफलता प्रदान करे। सारी रात वह उसका नाम 'लक्ष्मी' मन ही मन दोहराता और आशा करता रहा कि उसकी यह पुकार उस तक ज़रूर पहुँच जाएगी।

महीने भर वह आनन्द की इस कल्पना और अनुभूति में लीन रहा। इसके बाद उसे विचार आया कि व्यवहार में भी कुछ करना चाहिए, सिर्फ कल्पना पर्याप्त नहीं है। ज़िन्दगी की रेत-बालू पर वह आजीवन उसे घूरते रहकर समय नहीं बिता सकता। उसे इस स्थिति से आगे बढ़ना चाहिए।

एक दिन रात को जब वह घर लौट रही थी, चन्द्रन आधे फ़र्लांग की दूरी पर उसके पीछे-पीछे चलता रहा। उसने देखा कि वह मिल स्ट्रीट के एक घर में घुस गई है। वह घर के सामने रुका और धीरे-धीरे उसके सामने यह जानने के लिए

घूमा कि कहीं किसी के नाम का बोर्ड तो नहीं लगा है। कुछ भी नहीं था।

अचानक उसे याद आया कि मोहन भी मिल स्ट्रीट पर ही रहता है। माडर्न इंडियन लॉज, कमरा नं. 14—उसने यही बताया था। उसने सड़क के कई चक्कर लगाए, फिर पता चला कि लड़की के घर के सामने ही यह लॉज है। इस पर एक बोर्ड भी लगा था, जो अँधेरे में दिखाई नहीं दे रहा था। सीढ़ियों के बीच की ज़रा-सी जगह में कमरा नं. 14 था, इसी में लकड़ी का पार्टीशन लगाकर नं. 15 बना दिया गया था।

मोहन चन्द्रन को देखकर खुश हो उठा।

"वीरस्वामी गया?" चन्द्रन ने पूछा।

"कई हफ्ते हो गए," मोहन ने जवाब दिया।

कमरे में कुर्सी या मेज़ कुछ भी नहीं था। फर्श पर एक दरी पड़ी थी, जिस पर मोहन बैठता और सोता था। वह लकड़ी के पार्टीशन से पीठ टिकाए बैठा था। एक कोने में पीले रंग का एक ट्रंक रखा था, जिस पर निकिल के फूलदान में बनावटी फूल चमक रहे थे। पार्टीशन के ऊपर एक खिड़की थी, उसी से दोनों कमरों में रोशनी आती थी। इसी के साथ एक गैस लैम्प लटका था जो दोनों तरफ़ बराबर-बराबर प्रकाश फेंकता था।

चन्द्रन बोला, "तुम यकीन नहीं करोगे, मैं इस स्ट्रीट में कभी नहीं आया।"

"अच्छा! लेकिन तुम्हें यहाँ आने की ज़रूरत भी क्या है? तुम शहर के दक्षिणी छोर पर रहते हो, और यह एकदम पूर्वी छोर है।"

"मुझे यह जगह पसन्द आई," चन्द्रन बोला, "लेकिन इसे मिल स्ट्रीट क्यों कहते हैं? क्या यहाँ रहने वाले सभी मिल मालिक हैं?"

"बिलकुल नहीं। सालों पहले सड़क के आखिर में दो कपड़ा मिलें हुआ करती थीं। वैसे सब तरह के लोग यहाँ रहते हैं।"

"अच्छा, कोई खास आदमी रहता है?"

"मुझे तो ऐसा कोई भी नहीं लगता।"

चन्द्रन के ओठों पर यह बात आकर रुक गई कि सामने रहने वाले के बारे में पूछे। लेकिन वह यह कहकर चुप हो गया कि मैं तुमसे मिलने अक्सर आया करूँगा।

"मैं सवेरे दस बजे खबरें इकट्ठी करने निकल जाता हूँ और डाक रवाना करके चार बजे लौटता हूँ।" इसके बाद ज़्यादातर कहीं नहीं जाता। तुम जब चाहे आ सकते हो," उसने कहा।

"कोई छुट्टियाँ नहीं होतीं?"

"इतवार को अखबार नहीं निकलता। इसलिए शनिवार खाली होता है। सारा दिन मैं कमरे में ही बिताता हूँ। जब चाहो और जितनी दफ़ा चाहो, आओ।"

"धन्यवाद। अब मेरी कोई कम्पनी नहीं है। यहाँ अक्सर आकर मुझे खुशी होगी।"

मोहन के सहयोग से चन्द्रन को ज्ञात हुआ कि उसकी प्रिया का नाम मालती था, उसका विवाह नहीं हुआ था, और वह एक्ज़ीक्यूटिव इंजीनियर के ऑफिस में हेड क्लर्क श्री डी. वी. कृष्ण अय्यर की बेटी थी।

पिता के नाम के आगे लगा शब्द चन्द्रन को बहुत सुख दे गया। क्योंकि उस की जाति तथा उपजाति भी वही थी। यदि इस सज्जन का नाम कृष्ण अय्यर के स्थान पर कृष्ण अय्यंगार, कृष्ण राव या कृष्ण मुदालियर होता, तो शादी के मार्ग में न जाने कितनी बाधाएँ खड़ी हो सकती थीं। यदि वह उनमें से किसी से शादी करने का प्रयत्न करता तो पिताजी उसे एकदम घर से बाहर निकाल देते।

चन्द्रन ने इसे एक शुभ संकेत माना, जो उसकी प्रार्थनाओं का परिणाम था, जो वह नियमित रूप से करता था। इस घटना के हर तथ्य में कि मोहन उसके घर के सामने ही रहता था, उसकी शादी नहीं हुई थी, और उसके पिता 'अय्यर' थे, ईश्वर की ही एकदम सीधी कृपा मानता था।

उसने ईश्वर से प्रार्थना की कि उसे शक्ति प्रदान करे, और इसके बाद और भी भक्ति-भाव से पूजा-पाठ शुरू कर दिया। वह पिताजी के पास शादी के बारे में बात करने गया, लेकिन आखिरी मिनट में उसकी हिम्मत जवाब दे गई और किसी और विषय पर बात करके लौट आया। दूसरे दिन फिर वह इसी विषय पर उनसे बात करने बड़ी हिम्मत करके गया, लेकिन कोई फिजूल की बात करके लौट आया। अपने कमरे में जाकर देर तक अपने को को सताता रहा। इस तरह बे-रीढ़ का व्यवहार करेगा, तो उससे मालती कैसे खुश रहेगी? अपने ही पिता से डरना! वह बच्चा तो नहीं था जो खिलौना माँग रहा हो, वयस्क युवा था, जो गम्भीर विषय पर बात करना चाहता था। इस तरह का कायर व्यक्ति अपनी पत्नी को कैसे खुश रख सकता है?

वह फिर पिताजी के पास गया; वे वरांडे में बैठे कुछ पढ़ रहे थे। माँ पड़ोस में किसी के घर चली गई थीं। सीनू स्कूल गया हुआ था। पिताजी के साथ बात करने का यह सबसे अच्छा समय था।

पिताजी ने चन्द्रन को देखते ही किताब बन्द कर दी और नाक पर चढ़ा चश्मा भी उतार लिया। चन्द्रन ने उनकी आरामकुर्सी के पास अपनी कुर्सी सरका ली।

"चन्द्रन, यह किताब पढ़ी है?"

चन्द्रन ने किताब पर नज़र डाली, कोई पुराना उपन्यास था—डिकेन्स का। "नहीं," कोई और वक्त होता तो कहता कि उसे डिकेन्स पसन्द नहीं है, उसका

हास्य खुश्क होता है, और इसपर बहस करने लगता। लेकिन इस वक्त इतना ही कहा, "बाद में पढ़ लूँगा।" वह साहित्यिक बहस में अपना कीमती समय बरबाद नहीं करना चाहता था।

"पिताजी, मेरी बात को गलत मत समझिएगा। मैं डी. डब्लू., कृष्ण अय्यर की बेटी से विवाह करना चाहता हूँ।"

पिताजी ने चश्मा फिर नाक पर रख लिया और चन्द्रन की तरफ त्योरी चढ़ाकर देखा। फिर वे उठकर बैठ गए और बोले, "ये कौन हैं?"

"एक्ज़ीक्यूटिव इंजीनियर के दफ्तर में हेड क्लर्क हैं।"

"तुम उनकी लड़की से शादी क्यों करना चाहते हो?"

"मुझे वह पसन्द है।"

"लड़की को जानते हो?"

"जी! कई दफ़ा देखा है।"

"कहाँ?"

चन्द्रन ने पूरी बात बताई।

"तुम दोनों ने बातचीत की है?"

"नहीं..."

"वह तुम्हें जानती है?"

"पता नहीं।"

पिताजी हँसने लगे, और चन्द्रन को यह बात भीतर तक चुभ गई।

"यह बात है तो यही क्यों, कोई दूसरी लड़की क्यों नहीं?"

चन्द्रन ने कहा, "वह मुझे पसन्द है," और यह कहकर वह एकदम वहाँ से उठ गया। पिताजी कह रहे थे, "मैं इन बातों के बारे में कुछ नहीं जानता। तुम्हारी माँ से बात करूँगा।"

कुछ देर बाद माँ उसके कमरे में आई और पूछने लगी, "यह सब क्या क़िस्सा है?" चन्द्रन ने चुप्पी साधकर उसका जवाब दिया।

"यह लड़की कौन है?" माँ के स्वर में गहरी चिन्ता थी।

चन्द्रन ने सब बताया। माँ को बड़ी निराशा हुई। अपने बेटे के लिए उसने हेड क्लर्क की लड़की की उम्मीद नहीं की थी। वह बोली, "तुम उन दर्जनों लड़कियों को क्यों नहीं देखते जिनके प्रस्ताव हमारे पास आ चुके हैं?"

चन्द्रन ने क्रोधपूर्वक इसे अस्वीकार कर दिया।

"लेकिन अगर ये लड़कियाँ ज़्यादा पैसे वाली और सुन्दर भी हों, तो?"

"मुझे इसकी परवाह नहीं। मैं तो इसी से शादी करूँगा।"

"लेकिन तुम्हें यह भरोसा क्यों है कि ये लोग इस शादी के लिए तैयार हो जाएँगे?"

"उन्हें होना पड़ेगा। मैंने सुना है कि लड़की सोलह साल की हो रही है और इसी साल उसकी शादी कर दी जाएगी।"

"सोलह की?" माँ यह सुनकर चीखी—"अगर इस उम्र तक उसकी शादी नहीं हुई है तो ज़रूर कोई खास बात है। ज़रूर कोई नुक्स है। हमें शहर में मुँह दिखाना है। तुम शादी को बच्चों का खेल समझते हो?" यह कहकर वह भनभनाती हुई कमरा छोड़कर चली गई।

कुछ दिन बाद यह विरोध कम होने की स्थिति में आ गया, क्योंकि माता-पिता दोनों निरन्तर बेटे को दुखी नहीं देख सकते थे। उसकी खातिर वे इस सीमा तक समझौता करने को तैयार हो गए, कि यदि लड़की वालों की तरफ़ से प्रस्ताव आए तो वे उसपर विचार करेंगे। वे स्वयं इसकी पहल करने के लिए किसी भी स्थिति में तैयार नहीं थे, क्यांकि वे लड़के वाले थे, और प्राचीन परम्परा के अनुसार लड़की वाले ही प्रस्ताव लेकर आते थे। इसके विपरीत कुछ होता तो वे समाज में हँसी के पात्र बन जाते।

चन्द्रन चिल्लाता, "तुम्हारे मूर्खतापूर्ण रीति-रिवाज भाड़-चूल्हे में जाएँ।"

इस पर माँ ने उत्तर दिया कि वह ऐसी पीढ़ी से जुड़ी है जो किसी भी दृष्टि से आज की पीढ़ी से कम नहीं है, और जब तक वह जीवित है, प्राचीन नियमों का पालन अवश्य होगा। घर पर रोज़मर्रा की हलकी-फुलकी बातचीत इन दिनों कम होती जा रही थी। हमेशा प्रथाएँ और तर्क पर बहस होती रहती। पिताजी ज़्यादातर चुप बने रहते। चन्द्रन के लिए इन दिनों का सबसे महत्त्वपूर्ण रहस्य यह था कि पिताजी किसके पक्ष में हैं, यह उसकी समझ में नहीं आता था। वे चन्द्रन के रास्ते में कोई बाधा भी खड़ी नहीं करते थे, लेकिन इसके अलावा और कुछ नहीं करते थे। शायद इस विषय में उन्हें अपनी बुद्धि पर विश्वास नहीं था, और उन्होंने पत्नी को ही पूरी बागडोर सौंप रखी थी। चन्द्रन ने एक-दो बार उन्हें टटोलकर देखना चाहा कि वे क्या कहते हैं, लेकिन वे "हाँ-हूँ" करके टाल गए।

इस परिस्थिति में चन्द्रन का एकमेव समर्थक और सहायक मोहन था। वह हर रात खाने के बाद उसके कमरे पर जाता। इसका उद्देश्य भी दोहरा था। वहाँ जाते समय वह मालती के घर के सामने इधर-उधर थोड़ी देर टहलता और लैम्प की रोशनी में उसे आते-जाते देखकर प्रसन्न हो लेता। शायद वह सोने जा रही होगी :

वे तकिये कितने भाग्यशाली हैं जिनपर वह लेटेगी! या बैठकर कुछ पढ़ेगी : वह किताब जिसे वह छुएगी, उसके तो भाग्य खुल जाएँगे! वह अक्सर देर तक यह सोचता कि किस समय वह सोने जाएगी, किस समय वह सोकर उठेगी, किस तरह और किस करवट लेटेगी, और उसका बिस्तर कैसा लगता होगा। क्या यह नहीं हो सकता कि वह चुपचाप घर में घुस जाए, किसी कोने में छिपा रहे, रात को उसके बिस्तर तक पहुँचकर उसे अपनी बाँहों में कसकर दबा ले और अपने साथ उठा ले आए?

अगर कभी देर हो जाती और उसके घर की रोशनी बुझ चुकी होती, तो वह उदास होकर देर तक वहाँ टहलता रहता, और फिर माडर्न इंडियन लॉज के कमरा नं. 14 में चला जाता।

मोहन उसे देखकर कविता लिखना बन्द कर देता। उसके बिना चन्द्रन अपने निरर्थक प्रेम की अग्नि में जलकर भस्म हो जाता। मोहन उसे देखते ही अपना पैड उठाकर रख देता और दरी पर एक ओर खिसककर उसके लिए जगह कर देता था।

चन्द्रन लड़ाई के मैदान की ताज़ा खबरें उसे देता और फिर दोनों, आगे क्या किया जाए, इसके बारे में सोचने लगते थे।

कवि ने कहा, "अगर लड़की के पिता का पद हेड क्लर्क से कुछ ज़्यादा होता, और उनकी तनख्वाह भी सौ रुपये ज़्यादा होती, तुम्हारे माता-पिता यह रिश्ता करने के लिए ज़मीन और आसमान के कुलाबे मिला देते।"

"हमें अपने बड़ों की आज्ञा मानना इतना ज़रूरी क्यों है?" चन्द्रन ने गुस्से में भरकर कहा, "वे हमारी नाक में नकेल डालकर इस तरह घुमाते-फिराते क्यों रहें? हम अपना जीवन अपनी इच्छा से बिताने के लिए स्वतंत्र क्यों नहीं हैं? ये लोग हमें अपने आदर्शों के अनुसार उठने या गिरने के लिए क्यों नहीं छोड़ देते?"

ये सब महत्त्वपूर्ण सवाल थे, और कवि अपने ढंग से इनके उत्तर देता था, "जीवन में धन सबसे बड़ा ईश्वर है। पिता और माता और भाई, सब तुम्हारे धन की ही परवाह करते हैं। उन्हें पैसा देते रहो, वे तुम्हें स्वतन्त्र छोड़ देंगे। मैं इस समय 'धन का प्रेम', पर ही कविता लिख रहा हूँ। मुक्त छंद है। तुम्हें ज़रूर सुनना चाहिए। तुम्हीं को समर्पित है।" उसने पैड उठाया और कविता पढ़नी शुरू की :

तुमने सोचा था, माता-पिता तुम्हें प्यार करते हैं,
नहीं, हरगिज़ नहीं, मेरे दोस्त।
वे कुछ भी उसके ही कारण प्यार नहीं करते।
उन्होंने तुम्हें पाला-पोसा, पढ़ाया, बड़ा किया,
इसलिए कि किसी दिन उन्हें धन कमाकर दोगे।
पैसा, ज़्यादा से ज़्यादा पैसा, पैसा ही पैसा,

क्योंकि किसी दिन तुम ऐसी बहू भी लाओगे
जो अपने साथ और भी पैसा लाएगी,
बहुत ज़्यादा पैसा, इतना ज़्यादा
कि बस, हाँ, ज़्यादा से ज़्यादा...।"

कविता में इस तरह के दो छंद और थे। सुनकर चन्द्रन की आँखों में आँसू आ गए। उसके मन में अपने माता-पिता के लिए नफरत पैदा होने लगी। उसने कविता अपनी जेब में रख ली और घर आ गया।

दूसरे दिन उसने कविता पिताजी को पढ़ने के लिए दी। उन्होंने उसे दो दफ़ा पढ़ा और मुस्कराकर पूछा, "यह कविता तुमने लिखी है?"

"किसने लिखी है, यह बात महत्त्वपूर्ण नहीं है," चन्द्रन ने कहा।

"तुम इस पर विश्वास करते हो?"

"करता हूँ," यह कहकर चन्द्रन वहाँ से उठ गया।

उसके जाने के बाद पिताजी ने माँ को कविता पढ़कर सुनाई, तो वह रोने लगी। पिताजी ने उसे चुप कराया और कहा, "चन्द्रन यह महसूस करता है। बताओ, क्या किया जाए?"

"हमने कह दिया है कि उधर से प्रस्ताव आएगा तो हम विचार करेंगे। इससे ज़्यादा क्या किया जा सकता है?"

"मैं क्या बताऊँ?"

"ये लोग ज़बरदस्त चालाक लगते हैं। शादियों के दिन शुरू हो गए हैं। वे हमसे क्यों नहीं मिल सकते? वे चाहते हैं कि चन्द्रन उनके पास जाए, उनके पैर छुए और लड़की की भीख माँगे?"

"उन्हें शायद पता ही नहीं है कि चन्द्रन उससे शादी करना चाहता है," पिता जी ने कहा।

"तुम उनका पक्ष क्यों ले रहे हो? यह हो ही नहीं सकता कि उन्हें चन्द्रन के बारे में पता ही न हो। यह लड़की का बाप मुझे काफी गहरा आदमी लगता है। वह बड़ा गहरा खेल खेल रहा है। वह चन्द्रन का इन्तज़ार कर रहा है कि वही घर आए, लड़का तो अच्छा है ही, इस तरह उसे बिना दहेज दिए लड़का मिल जाएगा। इस तरह शादी का खर्च बिलकुल बच जाएगा।...हमारा चन्द्रन सब बकवास कर रहा है। बच्चों के लिए चाहे जो तकलीफ़ें सहो, उनसे हमें यही सब मिलता है...अब मेरा मूड यह बन गया है कि वह जो चाहे करे...इससे ज़्यादा हम क्या कर सकते हैं?...यहाँ से शादी का प्रस्ताव गया तो मैं सरयू में डूबकर मर जाऊँगी।"

चन्द्रन के माता-पिता ने गणपति शास्त्रीगल को बुलाया, जो मालगुडी के कुछ चुने हुए परिवारों के लिए लड़के-लड़कियों के रिश्ते जोड़ने और शादियाँ कराने का काम करता था। उसकी कुछ आय गाँव की ज़मीन से हो जाती थी; पहले वह कलेक्टर के दफ्तर में तीसरी श्रेणी का क्लर्क था, जिससे उसे अब दो अंकों की राशि पेंशन के रूप में प्राप्त होती थी। सरकारी नौकरी से रिटायर होने के बाद पहले उसने धर्म कार्यों की जानकारी देनेवाले और फिर पूजा-पाठ और शादियाँ कराने वाले के रूप में काम शुरू कर दिया। लेकिन वह शहर के कुछ धनी परिवारों के लिए ही काम करता था।

दूसरे दिन वह तपती गर्मी में आया और सीधा रसोईघर में चला गया, जहाँ चन्द्रन की माँ पकवान बना रही थी। उसने उसे देखते ही कहा, "आइये, आइये, शास्त्री जी, इतने दिन तक कहाँ रहे? आपको हमारे यहाँ आए एक साल से ज़्यादा हो गया है।"

"कुछ महीनों के लिए मैं गाँव चला गया था। ज़मीन का कुछ झगड़ा था, और कुछ पैसा भी वसूलना था। आपको क्या बताऊँ, ज़मीन कितनी बड़ी मुसीबत..."

"अरे, आप खड़े क्यों हैं?" यह कहकर माँ ने रसोइये को आवाज़ लगाई, "चौकी लाकर शास्त्री जी के लिए बिछा दो।"

"अरे नहीं, तकलीफ़ मत कीजिए। मैं ज़मीन पर ही बैठ जाऊँगा," उन्होंने कहा। उन्होंने चौकी को स्वीकार तो कर लिया लेकिन धीरे से उसे परे सरकाकर रख दिया।

माँ ने पूछा, "कॉफी लेंगे और कुछ नाश्ता करेंगे?"

"अरे नहीं, तकलीफ़ मत कीजिए। अभी घर से खा-पीकर निकला हूँ। तकलीफ़ की ज़रूरत नहीं है।"

"तकलीफ़ की क्या बात है," यह कहकर माँ ने उनके सामने तश्तरी में मिठाई और कॉफ़ी का गिलास रख दिया।

वे धीरे-धीरे मिठाई खाने लगे, और कॉफी का गिलास ओठों के काफ़ी ऊपर से उंड़ेल-उंड़ेलकर पीने लगे। बोले, "मैं यह ले रहा हूँ क्योंकि आपने मेरे सामने रख दिया है, और मैं कुछ भी नष्ट करना अच्छा नहीं समझता। अब मेरा हाज़मा, पीलिया होने के बाद से, उतना अच्छा नहीं रहा है। कुछ दिन पहले डाक्टर को भी दिखाया था—डॉ. केशवन को, उन्हें आप जानती हैं? वे त्रिचनापली के राजू के, जिन्हें मैं बचपन से जानता हूँ, दामाद हैं। डाक्टर ने कहा है कि मुझे इमली एकदम छोड़ देनी चाहिए और उसकी जगह नीबू लेना चाहिए..."

इसके बाद वे रसोईघर छोड़कर माँ के साथ पीछे के वरांडे में चले गए। चन्द्रन की माँ ने उनके लिए चटाई बिछाई और उस पर बैठने को कहा, फिर विषय की चर्चा शुरू की :

"आप डी.वी. कृष्ण अय्यर के परिवार को जानते हैं?"

शास्त्री जी कुछ देर सोचते रहे, फिर कहने लगे, "डी.वी. कृष्णन, यानी कोयंबटूर के अप्पायी के भतीजे, जो एक्ज़ीक्यूटिव इंजीनियर के दफ्तर में काम करते हैं? मैं इस परिवार को तीन पीढ़ियों से जानता हूँ।"

"मैंने सुना है, उनकी एक लड़की शादी के लायक है।"

वृद्ध शास्त्री जी गम्भीर हो गए और कुछ देर बाद बोले, "हाँ, यह सच है। उनके एक सयानी लड़की है, जिसका अब तक एक बेटा हो जाना चाहिए था, लेकिन जो अब तक कुँवारी है।"

"ऐसा क्यों है? क्या परिवार में कोई खामी है?"

"बिलकुल नहीं," वृद्ध महाशय ने कहा। उन्होंने महसूस कर लिया था कि उन्हें परिवार की आलोचना करने से बचना चाहिए, इसलिए उन्होंने अपनी पिछली बात को भी सही करने की कोशिश की : "कोई खामी नहीं है। गन्दी ज़बान वाले लोग ही यह कहते होंगे। लड़की की बढ़त ज़रा अच्छी है, और मेरा ख्याल है कि जितनी बड़ी वह लगती है, उतनी उम्र की वह है नहीं। पन्द्रह से ज़्यादा हरगिज़ नहीं होगी। आजकल लड़कियों की शादी की यही उम्र हो गई है। अब लोगों के विचार पुराने नहीं रहे। सदाशिव अय्यर जैसे पुराने ख्यालों के परिवार में भी पिछली शादी पन्द्रह साल की लड़की की हुई है।"

चन्द्रन की माँ को यह सुनकर बहुत सुकून मिला। उसने पूछा, " इस परिवार के बारे में आपका क्या ख्याल है?"

"डी.वी. कृष्णन बहुत ऊँचे परिवार के हैं। उनके पिता...", शास्त्रीगल महाराज ने उनकी तीन पीढ़ियों का ब्यौरा माँ को सुना दिया। फिर कहा, "कृष्णन अगर सिर्फ हेड क्लर्क बनकर रह गए, तो इसका कारण यह है कि उन्हें सम्पत्ति में ज़्यादा कुछ नहीं मिला क्योंकि उनके बड़े भाइयों ने सब कुछ खा-पीकर उड़ा दिया और ढेर सारा कर्ज़ इनके लिए छोड़ गए। कृष्णन जब बच्चे थे तब सोने के झूले में झूलते थे, लेकिन पिता की मृत्यु के बाद दुर्भाग्य के शिकार हो गए। इसी को नियति कहते हैं। कल क्या होगा, यह किसे पता होता है?"

दो घंटे तक विस्तार से बात करने के बाद वे अपने मिशन पर निकले—मिशन यह था कि वे डी.वी. कृष्ण अय्यर के घर जाएँ और यह पता लगायें कि इस साल वे लड़की की शादी करना चाहते हैं या नहीं, और उन्हें चन्द्रन से उसकी शादी का प्रस्ताव लेकर यहाँ आने की प्रेरणा दें। लेकिन उन्हें यह काम बिलकुल स्वतन्त्र रूप से करना था, इस तरह नहीं कि कोई उनसे यह करवा रहा है।

दूसरे ही दिन गणपति शास्त्रीगल शुभ समाचार ले आए। चन्द्रन की माँ उन्हें फाटक पर देखते ही चिल्लाई : "शास्त्रीगल आ रहे हैं।"

वे वरांडे की सीढ़ियों पर चढ़ने लगे तो चन्द्रन के पिता जी ने उत्साह से उनका स्वागत किया, "पधारिये, पधारिये, शास्त्रियर", और कुर्सी उनकी तरफ बढ़ा दी। शास्त्रीगल कुर्सी के कोने पर बैठ गए, बनियान से माथे का पसीना पोंछा और माँ की ओर मुखातिब होकर कहने लगे, "इस साल गर्मी ज़रा जल्दी शुरू हो गई...क्या घड़े में ठंडा पानी है?"

"है...इन गर्मियों में तो घड़े के पानी के बिना प्यास ही नहीं बुझती। यह तो ज़रूरी हो गया है।"

"है तो रसोइये से कहिये, मुझे एक गिलास ला दे।"

"आप तो कॉफ़ी पीजिए।"

"तकलीफ़ मत कीजिए। पानी ही ठीक है।"

"कुछ नाश्ता करेंगे?"

"नहीं, नहीं। पानी ही मँगा दीजिए। कॉफ़ी और नाश्ते की ज़रूरत नहीं है।"

"इसमें तकलीफ़ की क्या बात है," यह कहकर माँ रसोई में गईं और एक गिलास कॉफ़ी बनाकर ले आईं।

शास्त्रीगल ने गिलास हाथ में ले लिया और कहा, "आप बेकार इतनी तकलीफ़ कर रही हैं।"

"हमारे लिए कोई ख़बर है?" उन्होंने पूछा।

"ख़बर ही ख़बर है," वृद्ध महाशय ने कॉफ़ी पीते हुए कहा, "सवेरे मैं डी. वी. कृष्णन के घर गया था। वो तो अपने अफसर से मिलने या ऐसे ही किसी काम से गए थे, लेकिन उनकी पत्नी घर पर थीं। उन्होंने अपनी बेटी से मेरे लिए चटाई बिछाने के लिए कहा, फिर उसी से कॉफ़ी मंगवाई। इस वक्त मैं कॉफी से लबालब भरा हूं। मैंने कॉफी पी और खाली गिलास लड़की को पकड़ा दिया...चुस्त लड़की है, काफ़ी लम्बी है, देखने में अच्छी है। रंग गोरा है–उसे गोरा कहा जा सकता है, हालांकि आपके जैसा गोरा नहीं है; लेकिन उसे काली नहीं कहा जा सकता। उसकी माँ ने कहा कि अभी चौदह पूरे किए हैं।" यह सुनकर चन्द्रन की माँ का दिल बहुत हलका हो गया। वह सोलह साल से ज़्यादा की लड़की से चन्द्रन की शादी हरगिज़ नहीं करेंगी, जिससे दुनिया भर के लोग टीका-टिप्पणी करें।

उसने कहा, "मैं जानती थी कि लोगों की बातों में कोई सच्चाई नहीं है।"

शास्त्रीगल आगे बोले, "इसके बाद हम इधर-उधर की बातें करते रहे। फिर शादी की बात आई। आप मेरी बात निश्चित मानें कि वे इसी साल शादी कर देंगे। पनगुनी महीने में शादी ज़रूर हो जाएगी। जब मैं चलने को हुआ, कृष्णन आ गए।

बहुत बढ़िया आदमी हैं। उन्होंने मेरी उम्र के अनुरूप मुझे इज़्ज़त दी और अपने पिता तथा चाचाओं से मेरे परिचय के कारण प्रसन्न हुए। वे भी इसी साल लड़की की शादी कर देना चाहते हैं। उन्होंने मुझसे कहा कि अच्छा लड़का ढूँढ़ने में उनकी मदद करूँ। मैंने पहले दो-तीन और लड़कों का ज़िक्र किया, इसके बाद आपके लड़के का प्रस्ताव दिया। वे आपके परिवार से सम्बन्ध बनाकर बहुत प्रसन्न होंगे, इसका मैं आपको विश्वास दिला सकता हूँ। वे समझते हैं कि आपका रुतबा उनसे कहीं ज़्यादा है।''

''रुतबा, रुतबा!'' चन्द्रन की माँ ने टिप्पणी की। ''हमने ऐसे बहुत से लोग देखे हैं जो कभी बहुत धनी थे, लेकिन अब सड़कों पर हैं—भाग्य का खेल है सारा! पैसे से आदमी का महत्त्व आँकना मूर्खता की बात है। पैसा आज होता है, कल चला जाता है। हर सम्बन्ध में मुझे दो बातें सबसे ज़्यादा पसन्द हैं : चरित्र और ईमानदारी।''

''इसकी तो मैं गारंटी दे सकता हूँ,'' शास्त्रीगल बोले। ''जब मैंने आपके परिवार का ज़िक्र किया, लड़की की माँ तो उछल पड़ी। मुझे लगता है, आप लोगों के बारे में बहुत कुछ जानती है। उसने कहा कि आप दोनों में कोई रिश्ता भी है। शायद आपके नाना की पहली पत्नी और उसके बाबा चचेरे न होकर असली बहन-भाई थे।''

''अरे...अच्छा! मुझे तो इसका बिलकुल पता नहीं था। यह सुनकर तो मुझे बहुत खुशी हो रही है।'' इसके बाद उसने प्रश्न किया : ''आपको कुछ अन्दाज़ है कि शादी में वे कितना खर्च करेंगे?''

''हाँ, है। मैंने तरकीब से यह बात भी कर ली; मोटे तौर पर ही सही, लेकिन इस वक्त के लिए काफ़ी है। मेरा ख्याल है कि वे दहेज में दो हज़ार रुपये, चाँदी के बर्तन और हज़ार रुपये तक के उपहार देंगे, और शादी पर भी हज़ार ही रुपया खर्च कर देंगे। इसके अलावा लड़की के लिए हज़ार रुपये के हीरे और सोने के ज़ेवर भी होंगे।''

यह अन्दाज़ सुनकर चन्द्रन की माँ को कुछ निराशा हुई। उसने कहा, ''यह सब बाद में देखा जाएगा।''

''ठीक कहा,'' शास्त्रीगल बोले, ''कल, अगर शुभ दिन हुआ तो वे आपको लड़की की कुंडली भेज देंगे। दोनों की कुंडलियाँ मिलाने के बाद आगे बात की जाएगी। मुझे विश्वास है कि यह शादी बहुत जल्द हो जाएगी। मैं जब उनके घर के लिए निकल रहा था, एक आदमी कंधे पर झागदार ताड़ी से भरा बर्तन लिए सामने आ गया—जो बहुत शुभ लक्षण है। मुझे विश्वास है कि यह रिश्ता पक्का होकर रहेगा।''

चन्द्रन के पिता ने टिप्पणी की, ''कुंडली को इतना महत्त्व क्यों दे रहे हैं? मुझे तो इन पर विश्वास नहीं है।''

"आपको यह नहीं कहना चाहिए," शास्त्रीगल ने बात काटी, "अगर हम दोनों व्यक्तियों की कुंडलियाँ अलग-अलग और एकसाथ मिलाकर न देखें, तो यह कैसे पता चलेगा कि उनकी ज़िन्दगी सुखी और समृद्ध होगी?"

चन्द्रन को यह जानकर अपार प्रसन्नता हुई कि मालती की कुंडली आ रही है। उसने सोचा कि इसके बाद तुरन्त दोनों की शादी हो जाएगी। वे लोग लड़की की कुंडली भेजने के लिए तैयार हो गए थे, इसका अर्थ यही था कि उन्हें इस संबंध में कोई एतराज़ नहीं है। हो सकता है कि लड़की ने ही उनपर दबाव डाला हो। उसे यह विश्वास हो गया था कि लड़की ने माता-पिता से कह दिया होगा कि वह चन्द्रन से ही शादी करेगी, और किसी से नहीं। लेकिन उसे उसके नाम का कैसे पता चला होगा? लड़कियों में एक छठी इन्द्रिय होती है, जिससे उन्हें ऐसी बातों का ज्ञान हो जाता है। अगर उसने सचमुच यह कह दिया हो तो वह बहुत बहादुर लड़की है। अगर उसके शरीर और रूप के अनुसार उनका मस्तिष्क भी हो, तो यह बड़ी शानदार बात होगी...

उसके बारे में सोचते हुए वह पिघलने लगा। उसने तकिया कसकर पकड़ लिया और अँधेरे में पुकारने लगा : "प्रिया, तुम क्या कर रही हो? मेरी आवाज़ तुम्हें सुनाई देती है?"

इन दिनों वह उसे नदी के किनारे बहुत कम दिखाई देती थी, लेकिन चन्द्रन इसका रंज नहीं करता था और उसके घर के सामने तब तक घूमता रहता जब तक रोशनी में उसकी शक्ल, क्षण-भर के लिए ही सही, दिखाई नहीं दे जाती थी। नदी पर न आने का कारण उसने यह मान लिया कि वह चन्द्रन की इज़्ज़त घटाना नहीं चाहती, उसने सोचा होगा, चन्द्रन ने सोचा, कि इस तरह रोज़ एक-दूसरे को देखने से अफ़वाहें फैलने लगेंगी। कितनी निस्वार्थ लड़की है! चन्द्रन को बदनामी से बचाने के लिए नदी की सैर का ही त्याग कर दिया! अब चन्द्रन को यह पूरा विश्वास हो गया कि दुनिया भर में किसी भी व्यक्ति को इससे अच्छी पत्नी नहीं मिल सकती।

उसके घर के सामने चक्कर लगाते हुए चन्द्रन अक्सर ईश्वर से प्रश्न करता कि उसकी कृपा कब होगी जब वह इस तरह घर के सामने चक्कर लगाना छोड़कर, दामाद बनकर इसमें सम्मानपूर्वक प्रवेश कर सकेगा। शादी हो जाने के बाद वह उसे ये सब बातें बता देगा। वे पहाड़ी की ढलान पर लताओं से ढके अपने कॉटेज में एकसाथ बैठकर सूर्यास्त देखेंगे। शाम ढलती होगी और वह अपने इन करतबों का बयान करेगा, और दोनों खूब हँसेंगे।

दूसरे दिन गणपति शास्त्रीगल नहीं आए, तो चन्द्रन बहुत चिन्तित हो उठा। क्या बात हुई? क्या वे अचानक मुकर तो नहीं गए?

इसके बाद वाले दिन भी कुंडली नहीं आई। हर आध घंटे के बाद चन्द्रन माँ से पूछता, आई या नहीं, और अंत में बोला कि किसी को भेजकर खुद मँगा लेना चाहिए। यह बात जब पिताजी तक पहुँची, तो उन्होंने कहा, "तुम खुद क्यों नहीं चले जाते और कुंडली माँग लाते?"

चन्द्रन का दिमाग़ इस समय सही काम नहीं कर रहा था, उसने पूछा, "मैं ले आऊँ? मैं तो सोच रहा था कि मुझे जाना नहीं चाहिए।"

पिताजी हँसने लगे और माँ को यह बात बताई। सुनते ही वह चीखीं, "चन्द्रन, ऐसा कभी मत करना। यह बहुत ग़लत बात होगी। वे खुद ही भेजेंगे।"

पिताजी ने चन्द्रन से कहा, "मेरी बात ध्यान से सुनो। जब तक तुम धीरज रखना नहीं सीख लेते, तुम शादी के लायक नहीं होगे। यही वह बात है, जो तुम्हें शादी के बाद हमेशा करती रहनी पड़ेगी...।"

माँ ने सन्देह से उन्हें देखा और कहा, "तुम यह बात स्पष्ट करके समझाओगे?"

चन्द्रन एकदम हताश अवस्था में अपने कमरे की तरफ़ चला गया। उसने एक उपन्यास पढ़ने की कोशिश की लेकिन मन नहीं लगा। उसका भाई सीनू भीतर आकर पूछने लगा, "भैया, तबियत खराब है क्या?" वह समझ नहीं पा रहा था कि चन्द्रन को हुआ क्या है। रात के खाने के बाद की गपशप में चन्द्रन का न होना उसे बहुत अखरता था। यह भी अखरता था कि अब वह उससे कुछ भी नहीं कहता, यद्यपि चन्द्रन उसके साथ काफ़ी सख़्ती बरतता था। चन्द्रन ने उसकी तरफ देखा, लेकिन कोई जवाब नहीं दिया। सीनू पूछना चाहता था कि क्या उसकी शादी होने जा रही है, लेकिन शादी जैसी बात पूछने में उसे शर्म आती थी। इसलिए उसने यही पूछ लिया कि क्या तबियत खराब है। उसके दोबारा पूछने पर चन्द्रन बोला, "मैं ठीक हूँ, क्यों?"

"तुम ठीक लगते नहीं हो।"

"हो सकता है।"

"मैं यही जानना चाहता था। माँ ने कहा था कि तुम्हारी शादी होने वाली है।"

इन दोनों बातों में कोई सम्बन्ध नहीं था, लेकिन सीनू सोच रहा था कि उसने चालाकी बरत कर असली बात पूछ ली है।

चन्द्रन बोला, "अच्छा, तुम्हें भाभी मिल जाए तो अच्छा लगेगा?"

इस सवाल से शर्मा कर सीनू कुर्सी के पीछे जा छिपा।

चन्द्रन ने अपना सवाल और भी तीखा कर दिया, "अगर तुम्हारी भाभी का नाम मालती हो तो तुम्हें कैसा लगेगा?"

इस सवाल से तो सीनू एकदम घबड़ा गया और कमरे से बाहर भाग गया, और चन्द्रन अपनी परेशानियों में फिर डूब गया।

इसके दूसरे दिन भी जब कुंडली नहीं आई तो चन्द्रन ने मोहन से जाकर बात की : "मैं खुद कृष्ण अय्यर साहब के यहाँ जाकर कुंडली क्यों न ले आऊँ?"

मोहन बोला, "अब तक क्यों नहीं ले आये?"

"मैंने सोचा कि यह ठीक नहीं होगा।"

"तो अब कैसे ठीक हो जाएगा?"

चन्द्रन चुप हो गया। इस रोमांस को यहाँ तक आगे बढ़ाने में चन्द्रन को विशेष गर्व यह था कि उसने अब तक कोई ग़लत काम नहीं किया है। वह सोचता था कि जब लड़की रेत पर अकेली होती थी, तब वह उससे बात कर सकता था; उसे पत्र लिख सकता था; उसके पिता से परिचय बढ़ाकर उनसे लड़की का हाथ माँग सकता था; और इस तरह की बहुत सी दूसरी चीज़ें कर सकता था, लेकिन उसने इनमें से कुछ भी नहीं किया, क्योंकि वह अपने माता-पिता को नाराज़ नहीं करना चाहता था; वह हर काम एकदम सही और पुराने ढंग से करना चाहता था।

मोहन बोला, "मैं खुद सही-गलत या परम्परा की परवा नहीं करता। लेकिन चूँकि तुम करते हो, इसलिए, और अपने माता-पिता की खातिर अब भी ऐसा कुछ मत करो।"

चन्द्रन ने दुखी होकर कहा कि अब तक उन्होंने कुंडली क्यों नहीं भेजी है? इससे उनके मन का पता भी तो चलता है।

मोहन ने कहा, "जब तक इससे ज़्यादा ठोस कोई सबूत न मिले, हमें कुछ नहीं करना चाहिए।"

चन्द्रन कुछ देर गुम बैठा सोचता रहा, फिर उसे एक नया विचार हो आया। "मुझे उसके पिता से परिचय करना चाहिए, और इसमें तुम्हें मेरी मदद करनी होगी?"

"कैसे?"

"तुम अखबार के संवाददाता हो और हर जगह तुम्हारी पहुँच है। तुम किसी काम के लिए उनसे जाकर मिलो; कहो कि तुम्हें इंजीनियरिंग डिपार्टमेंट की कुछ खबरें चाहिए। लोग संवाददाताओं की बहुत खातिर करते हैं।"

"यह तो ठीक है। लेकिन इसमें तुम कहाँ आते हो?"

"तुम मुझे अपने साथ ले चलो और उनसे परिचय करा दो। यह भी कह सकते हो कि मैं तुम्हारा असिस्टेंट हूँ।"

"इससे तुम्हारा काम कैसे बनेगा?"

"उसे तुम मुझ पर छोड़ दो।"

"क्या समस्या लेकर मैं उनसे मिलने जा सकता हूँ?"

"जैसे, अफवाह यह कि नल्लप्पा की झाड़ी के पास सरयू नदी पर पुल बन रहा है। तुम पूछ सकते हो कि क्या यह बात सच है। यह उनका विभाग है। मोहन सोचने लगा कि प्रेम ने चन्द्रन का दिमाग़ बहुत तेज़ कर दिया है।

घर लौटते हुए चन्द्रन ने मि. डी. वी. कृष्ण अय्यर से परिचय करने की इस योजना को पूरा विस्तार दे दिया। वह इसे मोहन की सहायता के बिना ही पूरा करेगा। उसने मोहन को जो योजना सुझाई थी, उसमें अब पंख निकल आए थे। उसने तय किया कि वह जाकर कृष्ण अय्यर का दरवाज़ा खटखटायेगा। मालती दरवाज़ा खोलने आएगी। वह उससे पूछेगा कि क्या उसके पिता घर पर हैं, फिर उसे यह भी बताएगा कि वह यह जानने आया है कि सरयू नदी पर पुल बनने की खबर क्या सच है; फिर यह कहकर कि मैं बाद में आऊँगा, वहाँ से चला आएगा। इससे उसे मालती को पास से देखने-परखने का मौका मिल जाएगा, कि उसकी आँखें गोल हैं या बादाम जैसी, और उसका रंग हलका भूरा है या धुँधला सलेटी। वह अपने साथ एक छोटा-सा कैमरा भी ले जा सकता है जिससे उसकी फोटो भी खींच सके। उसकी इन दिनों सबसे बड़ी समस्या यही थी कि दिमाग़ में चल रही उथल-पुथल के कारण वह उसकी शक्ल का नक्शा ही भूल गया था। इसलिए वह सड़क पर चलते हुए भी लोगों के चेहरे देखता, कि कहीं मालती से मिलता-जुलता कोई चेहरा उसे नज़र आ जाए, जिससे उसकी शक्ल फिर से उसके मन में साफ़ हो जाए। लेकिन लगता था कि दुनिया भर में उसके जैसा कोई और चेहरा नहीं था। सड़क के किनारे की एक दुकान पर काम करने वाले एक लड़के का चेहरा उसे कुछ उसी जैसा नज़र आया; उसकी काली, तिरछी भौं मालती से कुछ-कुछ मिलती-सी लगीं; अब वह अक्सर उस दुकान पर जाता और तीन पैसे की पियरमिंट गोलियाँ खरीदता जिससे कुछ देर तक लड़के की भौं देख सके।

इस बीच घर पर कुछ होने लगा था। गणपति शास्त्रीगल शाम को आए थे और लड़की की कुंडली दे गए थे। देरी का कारण उन्होंने यह बताया कि ये दिन शुभ नहीं थे। वे अपने साथ चन्द्रन की कुंडली भी ले गए और उसे लड़की के यहाँ दे आए।

इस प्रकार दोनों परिवारों में बातचीत की शुरुआत हो गई थी। चन्द्रन ने कागज़ के एक टुकड़े पर कुंडली बनी देखी तो उसका दिल खुशी से उछलने लगा। उसने देखा कि कागज़ के कोनों पर गेरुआ रंग लगा था, जो शुभ माना जाता है। इसका भी अर्थ यही हुआ कि उसके घरवालों ने इस कार्य का महत्त्व समझ लिया था। इससे क्या यह स्पष्ट नहीं था कि उन्हें लड़का पसन्द है और वे उसे प्राप्त करने

के लिए आतुर हैं? और यदि आतुर हैं, तो क्या यह परिणाम नहीं निकाला जा सकता कि मालती बहुत जल्द उसकी हो जाएगी? चन्द्रन ने कुंडली कई बार पढ़ी, हालाँकि समझ में कुछ नहीं आया। लेकिन इससे उसके मन में कई दिनों से जमा अँधेरा एकदम गायब हो गया।

दूसरे पूरे दिन चन्द्रन बहुत खुश रहा; लेकिन उसकी माँ बार-बार उसके इस उत्साह पर पानी डालती रही : ''चन्द्रन, यह मत सोचना कि अब शादी की तारीख पक्की करना ही बाकी है। ईश्वर चाहेगा तो सब मुश्किलें दूर हो जाएँगी, लेकिन अभी भी बहुत सी बातें तय होनी हैं। पहली यह कि हमारा ज्योतिषी इसे देख कर बताएगा कि यह सम्बन्ध तुम्हारे योग्य है या नहीं; और उनका ज्योतिषी क्या कहता है, यह तो बाद में ही पता चलेगा। लेकिन हमें उम्मीद तो रखनी ही चाहिए। इसके बाद वे आकर हमें लड़की देखने के लिए निमंत्रित करेंगे।''

''माँ, मैंने लड़की देखी है, और मुझे पसन्द है।''

''फिर भी, वे हमें निमन्त्रित करेंगे और हमें जाना भी होगा। इसके बाद वे फिर आएँगे और पूछेंगे कि क्या हमें लड़की पसन्द है। फिर शादी की शर्तें वगैरह तय की जाएँगी...मैं तुम्हें निरुत्साह नहीं करना चाहती लेकिन तुम्हें इतना धीरज तो रखना ही पड़ेगा।''

चन्द्रन बैठा दाँत से अपने नाखून काटता रहा। फिर बोला, ''लेकिन माँ, तुम दहेज के मामले में तो मुश्किलें पैदा नहीं करोगी?''

''इसे भी देखेंगे। हमें बहुत ज़्यादा माँग भी नहीं करनी चाहिए, लेकिन अपने को सस्ता भी नहीं बनाना चाहिए।''

''लेकिन तुमने बहुत सौदेबाज़ी की तो?''

''तुम इसकी चिन्ता मत करो। अगर वे लोग सही शर्तों पर लड़की नहीं देंगे, तो मैं तुम्हारे लिए इससे हज़ार गुना अच्छी लड़की ला दूँगी।''

''माँ, यह बात ग़लत है। अगर दहेज और भेंटों के मामले में तुम्हारी माँगों के कारण यह शादी नहीं हुई, तो मैं तुम्हें कभी माफ़ नहीं करूँगा।''

''हमें अपनी जगह और रुतबा बनाकर रखना है। उसे हम बहुत ज़्यादा गिरा नहीं सकते।''

''तुम्हें अपने बेटे की खुशी के सामने अपने रुतबे की ज़्यादा फ़िक्र है।''

''चन्द्रन, इस तरह बात करना तुम्हें शोभा नहीं देता।''

लेकिन चन्द्रन बहस करता रहा और उसने यह सिद्ध करने की कोशिश की कि कैश में दहेज की माँग करना ज़बरदस्ती करना और नाजायज़ है। उसने कहा कि लड़के के माँ-बाप लड़की के माँ-बाप की इस चिन्ता का बेजा फ़ायदा उठाते हैं कि रजस्वला होने से पहले ही उसकी शादी हो जानी चाहिए। माँ को चन्द्रन की

ऐसी बातें बिलकुल पसन्द नहीं थीं। उसने कहा, "मेरे पिता ने तुम्हारे पिता को सात हज़ार रुपये कैश में दिए थे, दो हज़ार से ज़्यादा के चाँदी के बर्तन दिए थे, और शादी में भी पांच हज़ार से ज़्यादा खर्च किए थे। इनमें ग़लत क्या था? इससे हमें क्या नुकसान हुआ? हर पिता का यह कर्त्तव्य है कि अच्छा दामाद पाने के लिए पैसे जमा करके रखे। यही रिवाज है, जिसकी उपेक्षा नहीं की जा सकती।"

चन्द्रन ने जवाब दिया कि यह सब फिज़ूलखर्ची है और किसी भी शादी में सौ से ज़्यादा रुपये खर्च नहीं किए जाने चाहिए।

"तुम लड़की के पिता से जाकर यह कह आओ और वहीं शादी करके यहाँ लड़की ले आओ। मैं तुम दोनों का यहाँ खुशी से स्वागत करूँगी, लेकिन हम शादी में हिस्सा नहीं लेंगे। लेकिन अगर तुम चाहो कि हम उसमें शामिल हों तो तुम्हें सही ढंग से सब कुछ करना पड़ेगा।"

चन्द्रन ने विनती की, "लेकिन माँ, तुम बहुत ज़्यादा माँग तो नहीं करोगी?" वे लोग पैसे वाले नहीं हैं।"

"देखेंगे। लेकिन उनकी वकालत अभी से मत करो। उसके लिए बहुत समय है।"

पिताजी बाहर जाने को तैयार हो रहे थे। चन्द्रन उनके पास गया और माँ से हुई सारी बात बताई। उन्होंने कहा, "डरो मत। उसका इरादा तुम्हें नुकसान पहुँचाने का नहीं है।"

"लेकिन अगर वह बहुत ज़्यादा दहेज की माँग करेंगी और वे दे नहीं पाएँगे, तो क्या होगा?"

"इसके लिए अभी बहुत समय है। तुम्हारी कुंडली उनको भेज दी गई है। इसके बारे में उनका क्या कहना है, यह सामने आने दो।"

यह कहकर उन्होंने छड़ी उठाई और बाहर निकल गए। चन्द्रन उनसे आग्रह करता हुआ फाटक तक उनके पीछे-पीछे गया। वह चाहता था कि पिताजी रुककर माँ के खिलाफ उसे अपना समर्थन दें। लेकिन उन्होंने इतना ही कहा, "फ़िक्र मत करो।" और निकल गए।

तीन दिन बाद इंजीनियरिंग ऑफिस से एक चपरासी पिता जी के नाम एक पत्र लेकर आया। पिताजी, जो उस समय वरांडे में थे, पत्र लेकर पढ़ने लगे, और पढ़ने के बाद उसे चन्द्रन को दे दिया, जो वहीं एक कुर्सी पर बैठा किताब पढ़ रहा था। पत्र में लिखा था :

"प्रिय तथा सम्माननीय महोदय,

मैं इस पत्र के साथ आपको आपके बेटे की कुंडली जो आपने अत्यंन्त कृपापूर्वक मेरी बेटी की कुंडली से मिलाने के लिए भेजी थी, वापस कर रहा हूँ। हमारे ज्योतिषी ने इसका गहराई से अध्ययन-विश्लेषण करके बताया है कि यह बेटी की कुंडली से नहीं मिलती। चूँकि मेरा ज्योतिष पर बहुत विश्वास है, और मैंने अनुभव से भी देख लिया है कि जिस युवक तथा कन्या की कुंडली एक-दूसरे से मेल नहीं खाती, उनका वैवाहिक जीवन कष्टपूर्ण तथा असफल सिद्ध होता है, उनमें दुर्घटनाएँ भी होती हैं, इसलिए मैं इस सम्बन्ध को स्वीकार करने में असमर्थ हूँ। मुझे आशा है कि आप श्रीमान स्वयं, आपकी धर्मपत्नी तथा प्रिय पुत्र मुझे इसके लिए क्षमा करेंगे। मैंने आपको बहुत कष्ट दिया है। आपके जैसे सम्माननीय परिवार तथा व्यक्तियों के साथ किसी को भी सम्बन्ध स्थापित करने में प्रसन्नता ही होगी। परन्तु प्रस्ताव हम करते हैं, निर्णय भगवान करते हैं। तिरुपति की पहाड़ियों में विराजमान देवता ही जानते हैं कि हमारे लिए क्या उचित तथा शुभ है।

आदरपूर्वक,
आपका शुभचिन्तक,
—डी.डब्ल्यू. कृष्णन

चन्द्रन ने पत्र पढ़कर पिताजी को वापस कर दिया और एक भी शब्द बोले बिना अपने कमरे में चला गया। वे पत्र को कुछ देर तक बायें हाथ में हिलाते रहे, फिर पत्नी को बुलाया।

"उन्होंने पत्र भेजा है कि कुंडलियाँ नहीं मिलतीं।"

"हुँ...अच्छा। मैं पहले ही सोचती थी कि ये लोग कोई चाल चलेंगे। अगर कुंडलियाँ नहीं मिलतीं, तो लड़की की कुंडली में ही दोष होना चाहिए, लड़के की में नहीं। उसकी कुंडली एकदम प्रथम श्रेणी की है। उन्हें सस्ता सा दामाद चाहिए जिसे सौ रुपये से ज़्यादा दहेज न देना पड़े और एक दिन में सब काम ख़त्म हो जाए, और वे जानते हैं कि इतने खर्च में चन्द्रन जैसा लड़का नहीं मिल सकता। और छुटकारा पाने के लिए कोई बहाना भी तो चाहिए।" कुछ देर चुप रहकर वह फिर बोली, "यह अच्छा ही हुआ। मैं शुरू से इस रिश्ते के खिलाफ़ थी, कि चन्द्रन को इतनी ज़्यादा उम्र की और तगड़ी लड़की से बाँध दिया जाए। पचास लड़कियाँ हमारा इन्तज़ार कर रही हैं।"

कुछ देर बाद पिताजी कपड़े पहनकर बाहर के लिए निकल ही रहे थे, कि चन्द्रन उनके सामने आकर खड़ा हो गया और गहरी आवाज़ में बोला, "पिताजी, क्या आप यह जानने की कोशिश करेंगे कि अब भी क्या कुछ किया जा सकता है?"

पिताजी जवाब देने ही जा रहे थे कि 'तुम चिन्ता मत करो, हम और लड़की ढूँढ़ निकालेंगे' लेकिन उनकी नज़र चन्द्रन के चेहरे पर पड़ी, तो देखा कि उसकी आँखें लाल हो रही थीं। इसलिए उन्होंने अपना मन बदल लिया और यह जवाब दिया, "तुम चिन्ता मत करो। मैं देखता हूँ कि क्या बात है और अब भी क्या किया जा सकता है।" यह कहकर वे बाहर चले गए, और चन्द्रन ने अपने कमरे में घुसकर भीतर से दरवाज़ा बन्द कर लिया।

चन्द्रन के पिता ने दूसरे दिन पत्र लिखा :

> "प्रिय श्री कृष्णन,
> मुझे प्रसन्नता होगी, यदि आप आज शाम मेरे घर आकर मुझसे मिलें। मैं स्वयं आपसे मिलने आना चाहता था लेकिन आप किस समय मिलेंगे, यह नहीं जानता। मैं हमेशा खाली रहता हूँ और आपसे मिलकर मुझे बहुत प्रसन्नता होगी।"

शाम के समय श्री कृष्णन वहाँ आए। आरम्भिक स्वागत और नाश्ते तथा कॉफ़ी के बाद चन्द्रन के पिता ने पूछा, "अब मुझे बतायें कि कुंडलियाँ क्यों नहीं मिलतीं?"

"मैं यह कहना तो नहीं चाहता, लेकिन आपके बेटे की कुंडली में एक दोष है। हमारे ज्योतिषी का कहना है कि दोनों की कुंडलियाँ मिलती नहीं हैं। यदि मेरी बेटी की कुंडली में सातवें घर में चन्द्रमा या मंगल होता तो उसके लिए आपके बेटे से अच्छा कोई और वर न होता। लेकिन..."

"आपको इसका निश्चय है?"

"मैं खुद कुछ ज्योतिष जानता हूँ। कुंडली में कई दोषों की मैं उपेक्षा भी कर सकता हूँ। मैं सामान्यतः इन बातों की परवा नहीं करता कि कितनी सम्पत्ति होगी, कितनी सन्तानें होंगीं, और इस तरह की दूसरी बातें, इनको मैं ज़्यादा महत्त्व नहीं देता। लेकिन मैं मानता हूँ कि आयु की उपेक्षा नहीं की जा सकती। मैं ऐसे सैकड़ों उदाहरण जानता हूँ, जिनमें इस घर में मंगल का होना...मैं यह कह सकता हूँ...," और थोड़ी देर रुककर पिताजी के आग्रह पर उन्होंने यह बात कही, "कि इसमें विवाह के बाद शीघ्र ही पत्नी की मृत्यु हो जाती है।"

चन्द्रन के पिताजी इस बिन्दु पर इस चर्चा को समाप्त कर देना चाहते थे लेकिन जब उन्होंने देखा कि बेटा कमरे में बन्द पड़ा है, उन्होंने शहर के एक प्रसिद्ध श्रौतिगल कुंडली-निर्माता को बुलाया।

दूसरे दिन सितारों की शक्ति और प्रभाव के विषय में देर तक विचार-विमर्श

हुआ। चार घंटे तक जटिल गणनाएँ करने और बहुत से कागज़ों को अंकों से रँगने के बाद श्रौतिगल ने घोषणा की कि चन्द्रन की कुंडली में कोई दोष नहीं है। अब डी.डब्ल्यू. कृष्ण अय्यर बुलाए गए, और वे आए। श्रौतिगल ने उनकी तरफ देखा और कहा, "दोनों कुंडलियाँ पूरी तरह मिलती हैं।"

"आपने मंगल की स्थिति देखी?"

"हाँ, लेकिन अब यह शक्तिहीन हो चुका है। अब यह सूर्य के प्रभाव में है, जो पाँचवें घर से उसे देख रहा है।"

कृष्ण अय्यर बोले, "मुझे इसमें सन्देह है।"

श्रौतिगल ने कृष्ण अय्यर के हाथों में गणना के सभी कागज़ पकड़ा दिए और पूछा, "लड़के की उम्र क्या है?"

"करीब तेईस साल।"

"बारह और आठ मिलकर कितने होते हैं?"

"बीस।"

"तो तेईस का होकर वह इससे किस प्रकार प्रभावित हो सकता है? अगर वह बीस की उम्र में विवाह करता, तो उसे दूसरा विवाह करना पड़ता। लेकिन अब करने पर नहीं करना पड़ेगा। जब लड़का बीस साल, तीन महीने और पाँच दिन का हुआ, तब मंगल का प्रभाव समाप्त हो गया।"

"लेकिन मेरी गणना में कुछ और परिणाम निकलता है," कृष्ण अय्यर ने कहा। "लड़के के जीवन में मंगल का प्रभाव पच्चीस वर्ष आठ महीने की आयु तक रहता है।"

"आप किस पंचांग से गणना करते हैं," श्रौतिगल ने आँखें लाल करके पूछा।

"वाक्य विधि से," कृष्ण अय्यर ने उत्तर दिया।

"यही बात है। आम दृग पंचांग के अनुसार गणना क्यों नहीं करते?"

"हम अनंत काल से वाक्य का ही उपयोग करते आए हैं और कभी कुछ गलत नहीं हुआ है। मेरे विचार में यही पंचांग सही है।"

"आप बड़ी अद्‌भुत बात कह रहे हैं," श्रौतिगल ने मुँह बिचकाकर कहा।

घर लौटते हुए कृष्ण अय्यर अपने साथ ये कागज भी ले गए और वादा किया कि वे इसकी पुनर्गणना करेंगे और सही हुआ तो निर्णय पर पुनर्विचार भी करेंगे। दूसरे दिन उन्होंने चन्द्रन के पिता को लिखा : " मैं रात-भर, सवेरे चार बजे तक, कुंडली पर काम करता रहा। मेरा ज्योतिषी भी साथ था। अब जो परिणाम निकला है, उसमें कोई विशेष अन्तर नहीं है। थोड़ा सा अन्तर यह है कि पुत्र की कुंडली में सूर्य का प्रभाव पच्चीस वर्ष और आठवें महीने में आरम्भ होने के स्थान पर चौथे महीने में होता है। पुरानी गणना में इतनी चूक हुई थी।

" वह हर व्यक्ति जो दृग् पद्धति का इतना कायल नहीं है, महसूस करेगा

कि पुत्र की कुंडली में मंगल का प्रभाव पच्चीस वर्ष तक निश्चित रूप से बना रहता है। यह ऐसी बात है जिसमें खतरा मोल नहीं लिया जा सकता। कन्या की दृष्टि से यह जीवन और मृत्यु का सवाल है। मंगल कभी किसी पर दया नहीं करता—वह मार कर ही चैन लेता है।

"इस कार्य में हमने आपको जो भी कष्ट दिया, उसके लिए मैं हृदय से क्षमाप्रार्थी हूँ। आपके महान परिवार के साथ सम्बन्ध स्थापित न कर पाने का मुझे बहुत दुख है। मुझे विश्वास है कि परमपिता परमात्मा चिरंजीव चन्द्रन को शीघ्र ही उपयुक्त पत्नी प्रदान करेगा...।"

चन्द्रन की माँ ने शोर मचाया : "तुम इन सब जीवों को अकेला क्यों नहीं छोड़ देते? इनसे नाता जोड़कर हमें यही प्राप्त हुआ कि चन्द्रन की कुंडली में एक काला निशान है। अगर वे यह प्रचार करने लगें कि चन्द्रन की कुंडली में मंगल है तो उसे लड़की मिलना दुश्वार हो जाएगा। नाली में से कुछ निकालने की कोशिश का यही नतीजा होता है।"

माँ यह कहकर चली गई तो चन्द्रन ने पिताजी से कहा, "यह मान लेते हैं कि मेरे जीवन में मंगल पच्चीस साल तक रहेगा। इस वक्त मैं तेईस का हूँ। बहुत जल्द पच्चीस का हो जाऊँगा। आप उनसे कह दें कि पच्चीस का होने तक मैं इन्तज़ार करूँगा, वे भी दो वर्ष रुके रहें। इस बारे में हम मिलकर समझौता कर लें।"

पिताजी समझ गये थे कि इस सम्बन्ध में चन्द्रन से तर्क करने का कोई अर्थ नहीं है। इसलिए उन्होंने कहा कि वे कृष्ण अय्यर से मिलेंगे और यह बात करेंगे।

इसके बाद चन्द्रन हर रोज़ चुपचाप पिताजी से पूछता कि वे कृष्ण अय्यर से मिले या नहीं, और हर बार वे यही जवाब देते कि वे न घर पर मिले और न दफ्तर में।

कुछ दिन प्रतीक्षा करने के बाद चन्द्रन ने मालती को एक पत्र लिखा। उसने यह सावधानी बरती कि यह प्रेम-पत्र न हो जाए। उसके अनुसार, यह सीधा-सादा सा पत्र था जिसमें तथ्यों का बयान भर किया गया था। इसमें उसके प्रति चन्द्रन के प्रेम-भाव का विवरण ही दिया गया था। इसके बाद उसकी कुंडली की समस्या बताई गई थी और पूछा गया था कि क्या वह दो वर्ष तक उसका इन्तज़ार कर सकती है। उसे सिर्फ इतना करना है कि कागज़ में एक टुकड़े में सिर्फ 'हाँ' या 'ना' लिखकर डाक से भेज दे। इस काम के लिए चन्द्रन ने एक पता और टिकट लगा लिफ़ाफ़ा भी भेज दिया।

पत्र लेकर वह मोहन के पास गया और बोला, "यह मेरी आखिरी कोशिश है।"

"क्या है यह?"

"उसके लिए पत्र है।"

"हे भगवान! यह मत भेजो।"

"यह प्रेम-पत्र नहीं है। सादा, कामकाजी पत्र है। अब तुम्हें किसी भी तरह उसे पहुँचाना है।"

"मुझे जवाब का इन्तज़ार भी करना होगा?"

"नहीं। वह जवाब खुद दे देगी। मैंने लिफ़ाफ़ा रख दिया है।"

"अगर किसी ने मुझे जवान लड़की को पत्र देते देख लिया, तो मेरी ऐसी-की-तैसी कर दी जाएगी।"

"लेकिन मेरी खातिर तुम्हें यह काम करना है। यह मेरी आखिरी कोशिश है। जवाब आने तक मैं इन्तज़ार करूँगा...," चन्द्रन ने कहा और उसका वाक्य सुबकियों में खत्म हुआ।

दूसरे दिन वह पोस्ट आफिस गया और लॉली एक्सटेंशन के डाकिये से पूछा कि उसके लिए कोई खत तो नहीं है। इसके बाद यह रोज़ का काम हो गया। दिन बीतते चले गए। अब उसने नदी पर जाना बन्द कर दिया था। वह माडर्न इंडियन लॉज भी नहीं जाता था क्योंकि उसके सामने ही मालती का घर था।

पन्द्रह दिन बाद एक शाम चन्द्रन माडर्न इंडियन लॉज के लिए रवाना हुआ। उसने तय किया, 'उसके घर के सामने से मैं दाँत कसकर दबा लूँगा और चुपचाप आगे बढ़ जाऊँगा। फिर मोहन से मिलकर पूछूँगा कि अभी तक जवाब क्यों नहीं आया।'

जब वह मिल स्ट्रीट पहुँचा, उसे ढोल और शहनाई की आवाज़ सुनाई दी। उसका दिल ज़ोर-ज़ोर से धड़क उठा। जब माडर्न इंडियन लॉज पहुँचा तो देखा कि सामने के घर में केले और आम के पत्तों की बंदनवारें लगी हैं। ये किसी शुभ घटना के चिह्न थे। चन्द्रन का शरीर एकदम काँपने लगा। घर के चबूतरे पर शान से बैठा एक तगड़ा-सा आदमी बड़े ज़ोर-ज़ोर से ढोल पीटे चला जा रहा था, और उसी के बगल में आँखें बन्द किए बैठा शहनाई-वादक सिर उठाए कल्याणी राग बजा रहा था। चन्द्रन के कान इसे सुनकर जलने लगे। वह दौड़कर मोहन के कमरे की सीढ़ियाँ चढ़ गया।

"इस घर में यह क्या हो रहा है?"

मोहन उछलकर खड़ा हो गया और चन्द्रन को बाँहों से थामकर कहने लगा, "शान्त हो जाओ। उत्तेजित होने की ज़रूरत नहीं है।"

चन्द्रन चीखा, "यह क्या हो रहा है इस घर में? बताओ मुझे। यह ढोल, यह शहनाई, किसी की शादी हो रही है?"

"अभी तो नहीं, लेकिन होने वाली है। अभी तो शादी का एलान है। मैंने सुना है कि इस हफ्ते अपने किसी रिश्तेदार से उसकी शादी हो रही है।"

"मेरे पत्र का क्या हुआ?"

"पता नहीं।"

"कोई यह शहनाई बन्द नहीं करवा देता! ग़लत धुन बज रही है।"

"चन्द्रन, बैठ जाओ।"

"तुमने पत्र दिया था?"

"मुझे मौका ही नहीं मिला। और आज सुबह जब इस शादी के बारे में पता चला, तो मैंने उसे नष्ट कर दिया।"

चन्द्रन ने उसपर गुस्से की नज़र डाली। "ठीक है, नमस्ते!" यह कहकर वह पलटा और सीढ़ियाँ उतर गया।

सामने के घर में किट्सन लैम्पों की हरी रोशनी जगमगा रही थी। रंगबिरंगी जरीदार साड़ियाँ पहने स्त्रियाँ और बढ़िया इस्तरी किए सूट पहने मेहमान आ रहे थे। शहनाई के कल्याणी राग और ढोल की ढमाढम के बीच चन्द्रन तेज़ी से अपने घर जा रहा था।

रात को उसे तेज़ बुखार चढ़ आया। उसी में उसने ऊलजलूल बकना शुरू कर दिया। दस दिन बाद जब कुछ ठीक हुआ, वह मद्रास जाने की ज़िद करने लगा। पिताजी ने उसे पचास रुपये दिए, मद्रास में अपने भाई को तार दे दिया कि एगमोर स्टेशन पर उसे उतार ले, और उसे मद्रास जाने वाली ट्रेन पर बिठा दिया। उसकी माँ ने उसे स्टेशन पर विदा करते हुए कहा कि सब तरह की चिन्ता छोड़ देना और मोटे-तगड़े होकर मालगुडी वापस लौटना। पिताजी ने कहा कि और पैसे की ज़रूरत हो तो पत्र लिखकर मँगवा लेना।

सीनू भी स्टेशन उसे गाड़ी पर बिठाने आया था, बोला, "भैया, तुम्हें मद्रास में मेसर्स बिन की दुकान पता है?"

"नहीं," चन्द्रन ने कहा।

सीनू बोला, "माउंट रोड पर है।" फिर समझाया कि देश भर में खेल की चीज़ों की सबसे अच्छी दुकान है। "वहाँ चले जाना और कहना कि मुझे अपना मोटा वाला कैटेलाग भेज दें। इसमें क्रिकेट की ढेरों तस्वीरें होती हैं। मेरे लिए एक विलर्ड का जूनियर बल्ला खरीद लाना। इसे लिख लो, नहीं तो तुम नाम भूल जाओगे—विन्स, जूनियर विलर्ड।" गाड़ी चलने लगी, माँ ने अपने आँसू पोंछे और पिताजी गाड़ी को आगे बढ़ती देखते रहे।

3

दूसरे दिन सवेरे जब ट्रेन मद्रास के एगमोर स्टेशन पर पहुँची, चन्द्रन ने अपने डिब्बे की खिड़की से देखा कि प्लेटफ़ार्म पर जमा भीड़ में चाचा का लड़का खड़ा है। वह समझ गया कि वह उसे लेने ही आया होगा, और उसने झटपट अपना सिर खिड़की के भीतर कर लिया। फिर ट्रेन के रुकते ही उसने अपना बैग और होल्डॉल एक कुली को थमाया और एकदम प्लेटफ़ार्म से बाहर निकल आया। वहाँ एक घोड़ागाड़ी के ड्राइवर ने उसे सलाम किया और अपनी गाड़ी पर बैठने को कहा। चन्द्रन उसमें जा बैठा और बोला, "होटल ले चलो।"

"कौन से होटल, बाबू?"

"किसी में भी।"

"पीपुल्स पार्क के सामने वाले होटल ले चलूँ?"

"ठीक है," चन्द्रन ने कहा।

गाड़ी वाले ने घोड़े को चाबुक लगाई और राहगीरों को रास्ते से हटाने के लिए, "हटो...हटो," की आवाज़ें लगाने लगा।

कुछ देर बाद गाड़ी एक लाल रंग की धुएँ से घिरी इमारत के आगे रुक गई। चन्द्रन कूदकर गाड़ी से उतरा और होटल में घुस गया, गाड़ीवान सामान लिए पीछे चला।

सामने रखी एक मेज़ पर बैठा एक आदमी रजिस्टर में कुछ लिख रहा था। चन्द्रन उसके सामने जा खड़ा हुआ और पूछने लगा, "कमरे हैं?"

"हैं," आदमी ने सिर उठाए बिना जवाब दिया।

"मेरा किराया, बाबू?" गाड़ीवाला बोला।

"कितना?" चन्द्रन ने पूछा।

"एक रुपया, मालिक! आपको स्टेशन से इतनी दूर लाया हूँ।"

चन्द्रन ने पर्स से एक रुपया निकालकर उसे दे दिया, और वह आश्चर्य से

उसे देखता चलने लगा। आमतौर पर जब वह एक रुपया माँगता तो उसे चार आने ही दिए जाते थे, और वह भी काफ़ी लड़ने-झगड़ने के बाद। लेकिन उसे यह रुपया बिना कुछ सवाल किए मिल गया था। आज की बोहनी बहुत अच्छी हुई थी—कुछ देर बाद उसे अफसोस होने लगा कि उसने दो रुपये क्यों नहीं माँग लिए।

मेज़ वाले आदमी ने घंटी बजाई, एक नौकर आकर हाज़िर हो गया। उसने कहा, "कमरा नम्बर तीन, ऊपर," और उसे चाभी पकड़ा दी। नौकर सामान उठाकर फुर्ती से ऊपर चला। चन्द्रन सोचने लगा कि उसे अब क्या करना चाहिए।

मेज़ वाले ने कहा, "एडवांस?"

"कितना?" चन्द्रन ने पूछा। वह सोच रहा था कि यहाँ लोग सभ्य क्यों नहीं हैं; सब मशीन की तरह अछूते काम कर रहे हैं; स्टेशन पर कुली ने ऐसा व्यवहार किया जैसे वह अंधा, बहरा और गूँगा हो; अब यह होटल वाला मेहमान की तरफ़ देख भी नहीं रहा है; दरअसल ये लोग पैसा लेने के बाद किसी की कोई परवा नहीं करते; गाड़ीवाला भी रुपया लेकर एक शब्द बोले बिना चला गया...चन्द्रन को लगने लगा कि उसकी हर जगह उपेक्षा की जा रही है। मेज़ वाले ने पूछा, "आप कितने दिन रहेंगे?" चन्द्रन ने सोचा कि इस बात पर तो उसने अभी तक कोई विचार ही नहीं किया है; लेकिन वह यह कहने से कतराया; कहीं ऐसा न हो कि यह आदमी मुझे गला पकड़कर बाहर न कर दे; इन जगहों में कुछ भी हो सकता है।

"तीन दिन," चन्द्रन ने जवाब दिया।

"तो एक दिन का एडवांस काफी होगा," यह कहकर मेज़ वाले ने उसपर पहली नज़र डाली।

"कितना?"

"चार रुपये। ऊपर वाले कमरों का किराया चार रुपये है, और नीचे वालों का ढाई। आपका सामान वहाँ पहुँच गया है।"

"बहुत धन्यवाद," चन्द्रन ने कहा और रुपये पकड़ा दिए।

घुमावदार सीढ़ियाँ चढ़कर वह ऊपर गया। छोटा सा कमरा था और उसमें एक मेज़, एक कुर्सी और लोहे की एक चारपाई पड़ी थी।

चन्द्रन चारपाई पर बैठ गया और आँखें मलने लगा। उसे थकान महसूस हो रही थी। फिर वह खड़ा होकर खिड़की के बाहर देखने लगा—ट्रामें सड़क को रौंद रही थीं, नीचे फैली ग्रांड हास्पिटल रोड पर मोटरकारें, साइकिलें, रिक्शे, बसें, घोड़ा-गाड़ियाँ और लोगों की भीड़ तेज़ी से इधर-उधर आ-जा रही थी। उसे इन सबका शोर बरदाश्त नहीं हो रहा था। वह चारपाई पर लौट आया और हाथों में सिर पकड़कर बैठ गया। बगल के कमरे में कोई गा रहा था। फिर धीरे-धीरे यह आवाज़ कम होती गई और पास आती लगी। चन्द्रन ने सिर उठाया तो देखा कि हाथ में तौलिया और

साबुन लिए एक आदमी उसके सामने खड़ा है। इसका रंग काला था और तिरछी मूँछें थीं। वह कुछ देर खड़ा चन्द्रन को देखता और अपनी धुन गुनगुनाता रहा।

"नहाने नहीं चलोगे, भाई?" उसने पूछा।

"नहीं। बाद में जाऊँगा," चन्द्रन बोला।

"कब? नौ बजे के बाद नल का पानी चला जाएगा। मेरे साथ आओ। तुम्हें बाथरूम दिखाता हूँ।"

इस आदमी ने अपना नाम 'कैलाश' बताया और कुछ देर के लिए उसने चन्द्रन को अपने कब्ज़े में ले लिया। वह उस समय की ज़िन्दगी के प्रत्येक क्षण में सहायक के रूप में उसका मार्गदर्शन करता रहा।

नाश्ता करके दोनों बाहर चले गए। चन्द्रन को किसी भी बात में उसका विरोध करने की ताकत नहीं रह गई थी। कैलाश की मेहमानवाज़ी आक्रामक थी। वह चन्द्रन के किसी भी सुझाव को स्वीकार नहीं करता था। उसके साथ चन्द्रन दिन भर ट्रामों और बसों में जहाँ-तहाँ घूमता रहा। शाम होने तक उन्होंने चार होटलों में खाना-पीना किया। हर जगह वही खर्च करता था और लगातार बोलता रहता था। चन्द्रन को पता चला कि उसने दो शादियाँ की हैं और वह दोनों को खूब प्यार करता है। कुछ साल पहले उसने मलाया में बहुत-सा पैसा बनाया था, और अब वह अपने खानदानी गाँव में बस गया था, जो मद्रास से रात-भर के सफ़र की दूरी पर था, और अक्सर वह मौज-मज़ा करने के लिए मद्रास आ जाया करता था। "मैं यहाँ दो सौ रुपये लेकर आया हूँ, जब तक ये खत्म न होंगे, मैं यहाँ रहूँगा, फिर गाँव वापस चला जाऊँगा और अगले तीन महीने दोनों बीवियों के बीच सोऊँगा, इसके बाद फिर यहाँ घूमने आ जाऊँगा। पता नहीं, यह सब कब तक चलेगा। अच्छा, बताओ, मेरी उम्र कितनी होगी?"

"तीस के करीब," चन्द्रन ने, जो भी संख्या दिमाग़ में आई, बोल दी।

"अरे वाह! तो तुम्हारा ख्याल है कि मैंने बाल डाई किए हुए हैं?"

"हरगिज़ नहीं," चन्द्रन ने विश्वास दिलाने की कोशिश की।

"आजकल लोग पच्चीस के होने से पहले डाई करने लगते हैं। मैं इक्यावन साल का हूँ। कम-से-कम बीस साल तक मैं इसी तरह रहूँगा। इसके बाद क्या होगा, इसकी मैं फिक्र नहीं करता; तब तक मैं अपनी ज़िन्दगी जी लिया होऊँगा। आदमी को चालीस साल कमाई करने में बिताना चाहिए और चालीस उसे खर्च करने में।"

शाम होने तक चन्द्रन थककर चूर हो चुका था। उसके प्रश्न करने पर चन्द्रन ने बताया था कि वह छात्र है, तंजौर में पढ़ता है, और छुट्टियाँ बिताने मद्रास आया है।

पाँच बजे के करीब कैलाश चन्द्रन को एक ऐसी इमारत में ले गया जिसके हाल में सजे हुए गमले रखे थे।

"यह जगह क्या है?" चन्द्रन ने पूछा।

"यह होटल मर्टन है। यहाँ कुछ पियेंगे, कैसा रहेगा?"

कैलाश चन्द्रन को ऊपर ले गया और वरांडे में रखी मेज़ों में से एक पर दोनों बैठ गए। उन्हें देखकर एक वेटर आ गया।

"टेनेट्स है?" कैलाश ने पूछा।

"जी, साब।"

"एक बोतल और दो गिलास ले आओ।" उसने चन्द्रन पर नज़र डाली, "तुम भी थोड़ी सी लेना।"

"बियर? माफ़ करो, मैं नहीं पीता।"

"अरे, बहादुर बनो। मुझे कम्पनी तो दो।"

चन्द्रन का दिल धड़कने लगा, "मैं कभी शराब नहीं पीता।"

"बियर में ज़्यादा अलकोहल नहीं होता। पाँच फीसदी से भी कम। डॉक्टर लोग जो टॉनिक देते हैं उनमें कहीं ज़्यादा होता है अलकोहल।"

वेटर आकर बियर की बोतल और दो गिलास रख गया। कैलाश उससे तब तक बहस करता रहा, जब तक पड़ोस की मेज़ों के लोग उन्हें देखने न लगे। चन्द्रन अपनी बात पर अटल था। उसे लग रहा था कि उसे सबसे घृणित अपराध करने को कहा जा रहा है।

अंत में कैलाश ने वेटर से कहा, "यह बियर उठा ले जाओ। साब पीने से इनकार कर रहा है। मेरे लिए जिन और सोडा ले आओ। तुम नीबू-पानी लोगे?"

"हाँ।"

"आपके लिए नीबू पानी ले आओ।" वेटर चला गया। "तुम ज़रा सी पोर्ट क्यों नहीं ले लेते?"

"हरगिज़ नहीं," चन्द्रन ने कहा।

"पोर्ट क्यों नहीं?"

"मुझे माफ करना। मैंने अपनी माँ को वचन दिया था कि ज़िन्दगी में शराब कभी नहीं पियूँगा," चन्द्रन बोला। यह सुनकर कैलाश बहुत प्रभावित हो उठा। एक क्षण चुप रहकर बोला, "तो मत पियो। माँ बहुत पवित्र होती है। यह ऐसी अमूल्य वस्तु है जिसका महत्त्व हम उसके जीवित रहते नहीं समझते। उसे समझने के लिए पहले उसे खोना ज़रूरी होता है। अगर मेरी माँ होती तो मैं कालेज पढ़ने जाता और अच्छा आदमी बन गया होता। तब मैं यहाँ नहीं दिखाई देता।...अच्छा, अब मैं कहाँ जाऊँगा, यह बताओ।"

"मैं नहीं जानता।"

"वेश्या के यहाँ।" फिर कुछ देर चुप रहकर कहने लगा, "माँ जीवित थी,

तो हमेशा "यह करो," "यह मत करो" कहती रहती थी। मैं उसकी हर आज्ञा मानता था। जैसे ही वह मरी, मैं एकदम बदल गया। माँ बहुत मूल्यवान होती है जनाब, बहुत-बहुत ज़्यादा।"

रात देर तक वह पीता रहा, पहले जिन पी, फिर ह्विस्की, फिर जिन, फिर ह्विस्की। उसकी मेज़ और बार के बीच वेटर का आना-जाना लगा ही रहा। साढ़े आठ के बाद कैलाश ने ज़ोर से डकार ली, तीन दफ़ा हिचकियाँ लीं, लाल आँखों से चन्द्रन की तरफ देखा, और पूछा, 'क्या मैं नशे में लगता हूँ?' और चन्द्रन से यह सुनकर कि उसे ऐसा नहीं लगता, सन्तोषपूर्वक मुस्कराया।

"ऐसे लोग भी होते हैं," कैलाश ने भारी आवाज़ में कहा, "जो ब्राँडी के दो पेग में ही बेहाल हो जाते हैं। लेकिन मैं हर किसी को चुनौती देता हूँ।" उसने सीने पर हाथ मार कर कहा, "इस शरीर में नीट ह्विस्की के पन्द्रह पेग, एकदम नीट के, समझे, और मैं तुम्हें अपना नाम सही-सही बता दूँगा, गुणा-भाग सही कर दूँगा, सौ की पीछे से गिनती सुना दूँगा।"

वे होटल से निकले। कैलाश ने सहारे के लिए चन्द्रन के कंधे पर हाथ रख दिया। फिर यह अद्भुत जोड़ा सड़क पर चला। बेवकूफों की तरह जगह-जगह रुकता और मूँछें मरोड़ता। वह बहुत-से विषयों पर भाषण देता चल रहा था। एकाएक वह सड़क पर रुक गया और पूछने लगा, "तुमने कुछ खाया?"

"हाँ, मिठाई खाईं, बहुत-सी।"

"कुछ पिया?"

"नीबू-पानी—ढेरों।"

"ज़रा सी बियर ही पी लेते। मैं कितना स्वार्थी आदमी हूँ।"

"नहीं हो, नहीं," चन्द्रन ने ज़ोर देकर कहा, "मैंने अपनी माँ के सामने कसम खाई थी।"

"हाँ," कैलाश ने कहा। फिर उसने नाक छिनकी और रूमाल से अपनी आँखें पोंछीं। "माँ, मेरी माँ!" कुछ देर तक वह भावुक रहा, फिर सन्तोषपूर्वक कहने लगा, "मैं जानता हूँ कि मुझे खुश देखकर मेरी माँ भी खुश होगी।" इसके बाद उसने लम्बी साँस ली और इस तरह आगे बढ़ने लगा जैसे अब अपनी भावनाओं को और अपने ऊपर हावी नहीं होने देगा।

वे सड़क के छोर तक चुपचाप चलते रहे, फिर कैलाश बोला, "तुम टैक्सी क्यों नहीं बुला लेते?"

"यहाँ टैक्सी कहाँ मिलेगी?"

कैलाश तल्खी से हँसा। "यह मुझसे पूछते हो? जाकर उस खम्भे से पूछो। ईश्वर ने तुम्हें क्या इतना अंधा बना दिया है कि तुम यह नहीं देख पाते कि बायें पैर में गाँठ होने के कारण मैं चल नहीं पा रहा?"

चन्द्रन रुक गया। वह सड़क पार करते डर रहा था, हालाँकि अब वह खाली होने लगी थी। कैलाश ने फिर उससे कहा, "बच्चे, मुँह फाड़े दुनिया के तमाशे मत देखते रहो, ज़रा जाओ और मेरी मदद करो। अच्छे दोस्त बनो। मुसीबत में मदद करने वाला ही दोस्त होता है। स्कूल में यह नहीं सीखा? ताज्जुब है, आजकल स्कूलों में अच्छी शिक्षा नहीं दी जाती।"

एक राहगीर ने टैक्सी बुलाने में चन्द्रन की मदद की। कैलाश ने चन्द्रन को गले से लगा लिया। टैक्सी में बैठकर ड्राइवर से पूछा, "कोकिलम का घर जानते हो?"

"नहीं," उसने जवाब दिया।

कैलाश ने चन्द्रन पर एक तीखी नज़र डाली और बोला, "ऐसी टैक्सी लेकर क्यों आए? चलो, उतर जाते हैं।"

टैक्सी ड्राइवर ने पूछा, "कहाँ रहती है वह?"

"मिन्ट स्ट्रीट के चक्कर पर।"

"अरे," ड्राइवर बोला, "मैं उसे कैसे नहीं जानूँगा?" उसने गाड़ी स्टार्ट की और करीब आधे घंटे तक इधर-उधर चक्कर लगाकर एक भीड़ वाली सड़क पर ले जाकर खड़ा कर दिया। "यह है वह जगह," कहकर उसने दरवाज़ा खोल दिया।

"उतरो," कैलाश ने चन्द्रन से कहा, फिर ड्राइवर से पूछा, "कितने बने?"

ड्राइवर बोला, "मीटर से पन्द्रह रुपये आठ आने बने हैं।"

"यह लो साढ़े सत्रह", कैलाश ने उसे पैसे पकड़ा दिए। टैक्सी चली गई।

चन्द्रन ने पूछा, "यह किसका घर है?"

"उस लड़की का," कैलाश बोला। फिर उसने घर की तरफ देखा और कहा, "आज यह बदला-बदला नज़र आ रहा है। खैर, कोई बात नहीं।" फिर सीढ़ियाँ चढ़कर किसी से पूछने लगा, "यह कोकिलम का घर है?"

"नाम से क्या फ़र्क पड़ता है। मेरे घर में आपका स्वागत है," एक अधेड़ औरत ने जवाब दिया।

यह सुनकर कैलाश खुश हो गया। उसने कहा, "तुम ठीक कहती हो।" फिर चन्द्रन की तरफ मुड़कर पूछा, "तुमने टैक्सी का नम्बर नोट किया?"

"नहीं तो।"

"अजीब आदमी हो तुम भी! हर बात के लिए तुम्हें बताना पड़ेगा कि क्या करो? कुछ अपनी बुद्धि नहीं है?"

"माफ करना," चन्द्रन बोला। "टैक्सी वहाँ खड़ी है। मैं जाकर नम्बर लिख लाता हूँ।" यह कहकर वह मुड़ा और अपनी इस चाल के लिए खुश हो उठा। मकान की सीढ़ियों से कूदकर वह तेज़ी से वहाँ से निकल गया। कैलाश पीछे से कहता रहा, "अच्छा लड़का है। कितनी मदद कर रहा है मेरी, म...द...द..."

चन्द्रन मिन्ट स्ट्रीट से भागा। वह कैलाश से दूर हो जाना चाहता था। यह पहला मौक़ा था जब वह किसी शराबी के इतने पास आया था, जब वह किसी वेश्या के घर पहुँच गया था। इससे वह बेहद आतंकित हो उठा था।

कैलाश को कई सड़कें पीछे छोड़कर चन्द्रन अचानक बहुत थकान महसूस करने लगा और फुटपाथ पर बैठ गया। उसे घर की ज़बरदस्त याद आ रही थी। वह सोचने लगा कि उसी रात मालगुडी लौटने के लिए क्या कोई ट्रेन मिल जाएगी। उसे लग रहा था कि कल शाम उसने घर नहीं छोड़ा है, कई साल पहले छोड़ा था। अब मालगुडी की याद बहुत मीठी लग रही थी। वहाँ पहुँचकर वह लॉली एक्सटेंशन जाएगा, घर में कदम रखेगा और अपने कमरे में पहुँच कर आराम से सो जाएगा। काफ़ी देर तक वह इस कल्पना में खोया रहा। फिर उसके दिमाग़ ने खुद से ही यह प्रश्न कर लिया कि वह अपने सुखद स्वर्ग को छोड़कर एक अजनबी शहर की सड़कों पर इस तरह क्यों भटकता फिर रहा है? इसके जवाब में बहुत-सी यादें आने लगीं : कल्याणी राग बजाती शहनाई, किट्सन लैंपों की चकाचौंध, ज्योतिषी, कुंडलियाँ, और सहानुभूतिहीन माँ। सम्भव है, मालती भी इस समय एक ऐसे आदमी से शादी करने के लिए, जो उसे पसन्द नहीं है, बिस्तर पर पड़ी रो रही हो! यह आदमी कैसा होगा? उसका भरण-पोषण करने की उसमें सामर्थ्य होगी, और क्या उसे वह प्रसन्न रख सकेगा? सरयू के तट पर उसने मालती का कितना ध्यान किया था लेकिन अब कोई दूसरा उसका पति होगा।

चन्द्रन ने तय किया कि अब मालगुडी कभी नहीं जाएगा। उसे उस शहर से नफ़रत हो रही थी। वहाँ की हर चीज़ उसे मालती की याद दिलाएगी—सरयू नदी की रेत, मार्केट रोड के कंकड़, मिल स्ट्रीट, और दुकान वाला वह लड़का जिसकी भौंहें मालती की तरह थीं। उस नर्क में रह पाना उसके लिए सम्भव नहीं होगा। भयंकर शहर है वह, जहाँ मालती की शादी हुई है।...लेकिन अगर उसका पति किसी असाध्य रोग से चल बसे? नहीं, वास्तविक जीवन में ऐसी बातें नहीं होतीं।

चन्द्रन ने महसूस किया कि उसने अपना शहर सचमुच छोड़ दिया है। अब वहाँ कहाँ रहे, इससे क्या फर्क पड़ता है! अब वह एक तरह से संन्यासी ही बन गया है। "एक तरह से" क्यों? वह संन्यासी ही था—यह कितना आसान हल है! सिर मुँड़ा लो, गेरुए कपड़े पहन लो, और सारी दुनिया के लिए तुम मृत के समान हो गए। इसके अलावा यही उपाय हो सकता है कि आत्महत्या कर ली जाए। उसने अपनी ज़िन्दगी का जुआ खेला था, और उसमें हार गया था। मालती की शादी हो जाने के बाद अब वह ज़िन्दगी के बाक़ी बरस—करीब साठ—इस तरह अपने माता-पिता और दूसरे लोगों के साथ नहीं बिता सकता था।

वह उठ खड़ा हुआ। थोड़ी देर तक इधर-उधर घूमकर अपने होटल की तलाश करता रहा, फिर सोचा कि इसकी अब ज़रूरत ही क्या थी? होटल ढूँढ़कर वह करेगा भी क्या? बिल चुकाएगा, सामान उठाएगा और कहीं चला जाएगा? लेकिन संन्यासी को सामान की क्या ज़रूरत है? बैग और होल्डॉल छोड़कर वह कहीं भी जा सकता है। होटल का किराया एडवांस में दे चुका है, अब होटलवाला चाहे तो उसका सामान भी रख ले।

यह रात उसने फुटपाथ पर ही, एक दीवाल से सटे हुए, सोकर ही बिताई। यहाँ दीवाल पर एक बोर्ड लटका हुआ था। यह कौन सी जगह है, यह जानने के लिए उसने बोर्ड पर नज़र डाली, लेकिन उस पर अंग्रेज़ी में लिखा था, ''यहाँ कुछ लिखने वालों पर कानूनी कार्यवाही की जाएगी'', और तमिल में इसे और स्पष्ट किया गया था–''ऐसे लोगों को पुलिस के हवाले कर दिया जाएगा।'' ''फिक्र मत करो,'' उसने दीवाल से कहा, ''मैं यहाँ कोई नोटिस नहीं चिपकाऊँगा,'' और वहीं लेट गया। दिन-भर की थकान के कारण तुरन्त नींद आ गई...। कुछ नहीं चिपकाया जाए...सोते हुए उसे कई दफा सपना आया कि उसे ही नोटिस समझकर पुलिस ने उसे वहाँ से फाड़कर गिरफ्तार कर लिया है।

दूसरे दिन एक झाडू लगाने वाले ने उसे जगाया। वह बैठकर आँखें मलने लगा। नींद खत्म होते ही उसने तय किया कि उसे मद्रास तुरन्त छोड़ देना चाहिए। अब शहर में और ज़्यादा रहने का कोई अर्थ नहीं है। शहर इतना बड़ा है और यहाँ कुछ समझ में नहीं आता, यह भी कि यहाँ से निकला कैसे जाए...फिर, एक डर यह भी है कि कैलाश द्वारा न पकड़ लिया जाए।

वह स्टेशन जा पहुँचा और टिकट घर पर बाबू से पूछने लगा, ''अगली गाड़ी कब जाएगी?''

''कहाँ के लिए?''

''अरे हाँ...कहाँ...कहाँ,'' चन्द्रन बोला, ''एक मिनट रुकिए।'' यह कहकर उसने सामने टँगे नक्शे पर नज़र डाली और बोला, ''हाँ, बेजवाड़ा।''

''सात-चालीस पर ग्रांड ट्रंक एक्सप्रेस।''

''तीसरे दर्जे का टिकट दे दीजिए।''

टिकट लेकर वह ट्रेन में सवार हो गया। प्लेटफ़ार्म पर ज़्यादा भीड़ नहीं थी। अचानक उसने सोचा कि वह बेज़वाड़ा क्यों जा रहा है? उसने पीले रंग की टिकट निकालकर देखी, उंगलियों में उलटी-पलटी...वह इस शहर में परेशान होने के लिए कभी नहीं जाएगा। यह जगह उसे पसन्द नहीं थी, क्योंकि इसके नाम में 'ज़' अक्षर

आता था। यहाँ तो उसे कोई भी नहीं ले जा सकेगा। पहली घंटी बजी। उसने टिकट खिड़की से बाहर फेंक दी और प्लेटफ़ार्म पर कूद पड़ा। फिर तेज़ी से स्टेशन छोड़कर निकल गया।

बाहर आकर सड़क पार की, एक ट्राम में चढ़ा और आराम से एक सीट पर बैठ गया। कंडक्टर ने आकर कहा, "टिकट?"

"यह कहाँ जा रही है?"

"मयलापुर।"

"एक टिकट, मयलापुर। क्या दूँ?"

अगले आधे घंटे के लिए उसकी, कहाँ जाए, की समस्या का समाधान हो गया। ट्राम जब टर्मिनस पर आकर रुकी, वह उतर पड़ा और तब तक चलता रहा, जब तक सामने कपालीश्वर मन्दिर का शिखर दिखाई नहीं पड़ने लगा।

वह मन्दिर में आ गया और चारों तरफ़ जितने भी देवी-देवता दिखाई दिए, उन सबके सामने सिर झुका-झुकाकर प्रार्थना करता रहा।

मन्दिर के तालाब पर एक नाई बैठा ग्राहकों का इन्तज़ार कर रहा था। चन्द्रन उसके पास पहुँचा और पूछने लगा, "मेरे बाल काट दोगे?"

"हाँ, बाबू," नाई वास्तव में चकित हो रहा था क्योंकि सिर में बाल बढ़ाए युवा लड़के उससे दूर रहना ही पसन्द करते थे। उसके पास या तो विधवा स्त्रियाँ आती थीं या पुराने किस्म के ब्राह्मण जो अपने सिर एकदम घुटवाना पसन्द करते थे। अब एक बिलकुल नया लड़का उससे बाल कटवाना चाहता था। चन्द्रन बोला, "अगर तुम मेरा कुछ और काम कर दोगे तो मैं तुम्हें काफ़ी पैसा दूँगा।"

"मैं बाल अच्छे काटूँगा।"

"सिर्फ यह काम नहीं। तुम्हें मेरे लिए एक सस्ती लुंगी, और एक कुरती, गेरुआ रंग में रंगवाकर ला देनी होगी। इसके बाद मेरे बाल काट देना, मेरे सब कपड़े और बटुआ भी ले लेना।" यह कहकर उसने अपना बटुआ खोलकर उसे दिखाया। इसमें नाई ने कई नोट और रुपये देखे, जो उसके लिए, सेफ़्टी रेजर्स से अपने आप शेव करने के इस ज़माने में, उसके लिए छह महीने की कमाई थे।

"लेकिन इस बारे में किसी को कुछ बताना नहीं होगा," चन्द्रन ने कहा।

"आप संन्यासी हो रहे हो?"

"ज़्यादा सवाल मत करो," चन्द्रन ने आज्ञा दी।

"बाबू, इस उम्र में?"

"सवाल पूछना बन्द करोगे, या मैं बस में सवार होकर कहीं और चला जाऊँ? मुझे तुम्हारी मदद की इसलिए ज़रूरत है क्योंकि इस वाहियात शहर में यह सब कहाँ मिलेगा, मैं नहीं जानता। तुम्हारा नाम क्या है?"

"रगवन।"

"रगवन, मेरी मदद करो। मैं तुम्हारा आभार मानूँगा। तुम्हें फायदा भी होगा। रगवन, मेरा दिल भर चुका है। इस दुनिया में मेरे जो भी अपने थे, वे मुझे छोड़ गए हैं। रगवन, मैं यहीं तुम्हारा इन्तजार करूँगा। जल्दी आना।"

"बाबू, बुरा न मानें तो मुझ गरीब की झोंपड़ी में चलकर कुछ आराम करें।"

चन्द्रन उसके साथ, कई टेढ़ी-मेढ़ी गन्दी-गन्दी गलियाँ पार करता उसकी झोपड़ी में आ गया। घर क्या, सिर्फ एक कोठरी थी जिसके एक कोने में खाना बनता था और चारों तरफ गर्मी और गन्दगी भरी थी। एक लम्बी, तगड़ी औरत बाहर आकर नाई से पूछने लगी, "जल्दी क्यों आ गए?" और उसने पास जाकर धीरे से कुछ बताया।

उसने चटाई बिछाकर चन्द्रन को बिठाया और बाहर निकल गया।

चन्द्रन का दिल और दिमाग़ इतना निर्जीव हो चुका था, कि उसे इससे कोई फर्क नहीं पड़ता था कि वह कहाँ बैठा है और कब तक यहाँ रहेगा। इसलिए यद्यपि वह नाई की कोठरी में पूरा आधे दिन रहा, जहाँ उसे एक चिकटे तकिए और लाल रंग के एक गद्दे और एक कलेन्डर की खाली तस्वीर के, जिसके महीने और तारीख के पन्ने गायब हो चुके थे और सिर्फ सृष्टि के निर्माता ब्रह्मा जी की तस्वीर शेष रही थी, और लोहे के हैंडिल वाले एक टीक के बक्से के सिवा और कुछ दिखाई नहीं देता था, चन्द्रन को समय के बीतने का पता नहीं चला।

नाई दोपहर के बाद तीन बजे के करीब लौटा। वह अपने साथ गेरुए रंग के दोनों कपड़े ले आया था। खाने के लिए केले और एक नारियल भी लाया था।

चन्द्रन भूखा था और उसने फल खा लिए। फिर उसने एक पोस्ट कार्ड लाने के लिए नाई को दोबारा बाहर भेजा।

पोस्ट कार्ड आ गया तो चन्द्रन ने नाई से एक छोटी-सी पेंसिल लेकर अपने पिता को पत्र लिखा : "मैं यहाँ सुरक्षित पहुँच गया। स्टेशन पर एक दोस्त मिल गया, उसी के साथ मैं ठहरा हूँ–चाचा जी के यहाँ नहीं ठहरा। अब यहाँ से मैं...अभी यह नहीं बताऊँगा कि कहाँ जा रहा हूँ, लेकिन खूब घूमूँगा। मैं बहुत खुश हूँ। यह चिन्ता न करें कि अभी भी शादी के बारे में सोचता रहता हूँ। बिलकुल नहीं सोचता। मैं खूब घूमना चाहता हूँ इसलिए काफी दिन तक कोई खबर न मिले तो पुलिस मैं मत चले जाना। मुझे वादा करें कि परेशान न होंगे। माँ को नमस्कार। मैं बिलकुल ठीक रहूँगा।" इसके बाद अंत में जोड़ा : "मैं कई दोस्तों के साथ जा रहा हूँ जो मुझे यहाँ मिल गए हैं।"

उसकी शक्ल और वेशभूषा, गेरुआ लुंगी और घुटा हुआ सिर देखकर हर कोई अब उसे संन्यासी ही समझता था, जिसने संसार का परित्याग कर दिया है और जो जीवन के सुख-दुख से ऊपर उठ चुका है।

वह गाँव-गाँव पैदल घूमने लगा। जब कभी थक जाता तो किसी बैलगाड़ी को रोककर उस पर बैठ जाता और आगे पहुँच जाता। लोग संन्यासी की सहायता करके प्रसन्न होते। कभी-कभी वह बस रोक कर भी उससे यात्रा कर लेता।

वह कभी यह जानने की कोशिश न करता कि कहाँ जा रहा है और कहाँ ठहर रहा है—सिर्फ इसके कि यह रास्ता मालगुडी तो नहीं जाता। संन्यासी के लिए इस बात का कोई अर्थ नहीं होता कि वह कहाँ जा रहा है—हर कस्बा एक जैसा होता है, वैसे ही बाज़ार और गलियाँ, वही नाइयों की दुकानें, सब्जी वाले, कॉफ़ी के होटल, सड़कों के किनारे मशीनें लिए बैठे दरज़ी, सरकारी कर्मचारी, साइकिलें, गाड़ियाँ और पशु-पक्षी। अंतर होता था तो सिर्फ नाम का, और संन्यासी को नामों से क्या लेना-देना।

जब भूख लगती, समीप के किसी भी घर में जाकर खाना माँगकर खा लेता, या बाज़ार में ही किसी से नारियल या केले माँगकर भूख शान्त कर लेता।

पहले कुछ दिन तो उसे कॉफ़ी की तलब होती रही, क्योंकि बचपन से ही उसे इसका अभ्यास पड़ गया था। उसके मन का एक हिस्सा इससे कष्ट पाता, तो दूसरा इसे कष्ट पाते देख प्रसन्न होता और कहता, "होता रह दुखी, पाता रह कष्ट। तुझे इस दुनिया में सुख पाने के लिए भेजा ही नहीं गया है। रोता रह, कॉफ़ी नहीं मिलेगी तुझे। खत्म हो जा, नष्ट हो जा।" कुछ समय बाद परिस्थितियों ने उसकी यह तलब खत्म कर दी।

अगर कोई उसे छत के नीचे सोने को कहता, तो वहाँ सो जाता, नहीं तो खुले आसमान के नीचे या किसी सार्वजनिक स्थल पर, जहाँ उसके जैसे और भी बहुत से लोग होते, सोने चला जाता।

जब कभी भूख लगने पर भी खाने को न मिलता, तो वह भूखा-प्यासा ही घिसटता रहता, और पेट से कहता, "जितना चाहे चीखता-चिल्लाता रह। तू मुझे मार क्यों नहीं डालता?"

उसके गालों की हड्डियाँ बाहर निकल आई थीं, सड़कों की धूल शरीर पर जमा हो गई थी, हाथ-पैर अकड़ने लगे थे, रंग भूरे से काला हो गया था। चेहरे पर कोई भाव नहीं झलकता था, वह कोई रहस्य भी छिपा पाने में असमर्थ हो गया था, जैसे बिलकुल मर गया हो। ओठों ने मुस्कराना बन्द कर दिया था।

आरम्भ में उसने दो-एक दफ़ा शेव किया लेकिन महसूस किया कि बाल खुरचने की तुलना में उन्हें बढ़ने देना ज़्यादा आसान है। इसलिए शेव करना खत्म कर दिया

और बाल अपनी मर्जी से बढ़ने लगे। कुछ ही समय में उसके युवा चेहरे को एक छोटी-सी दाढ़ी और पतली-पतली मूँछों ने घेर लिया।

लेकिन अन्य संन्यासियों से वह भिन्न था। वे लोग किसी आध्यात्मिक उद्देश्य से संन्यासी बनते थे और त्याग उनके लिए शान्ति प्राप्त करने का मार्ग अथवा स्वयं ही शान्ति होता था। वे समय होने पर मृत्यु को प्राप्त होते हैं और अनंत में जीवित हो जाते हैं। लेकिन चन्द्रन का त्याग इस श्रेणी का नहीं था। वह संन्यासी इसलिए बना था क्योंकि वह अपने शरीर को कष्ट देना चाहता था। यह त्याग समाज, परिस्थितियों, और शायद भाग्य के भी विरुद्ध विद्रोह था।

आठ महीने इस प्रकार घूमते रहने के बाद वह साईनाड ज़िले के कोप्पल गाँव में जा पहुँचा। यह छोटा-सा गाँव था, जो पूर्वी और पश्चिमी घाट के मिलन स्थल पर पहाड़ के नीचे बसा था।

एक दिन ज़बरदस्त गर्मी में वह यहाँ पहुँचा और खेतों को पानी पहुँचाने वाले एक नाले से पानी लेकर अपनी प्यास बुझाई। फिर एक बरगद के पेड़ के नीचे आराम करने बैठ गया। वह बड़े सवेरे से पैदल चल रहा था, और काफ़ी थक चुका था। एक बड़ी-सी जड़ से सिर टिका कर वह सो गया।

जब नींद से उसकी आँख खुली तब उसने देखा कि कई गाँव वाले उसके आसपास खड़े हैं।

एक ने पूछा, "महाराज जी कहाँ से पधार रहे हैं?"

चन्द्रन इतना थका हुआ था कि क्या जवाब दे, उसकी समझ में नहीं आ रहा था। तभी एक विचार उसे आया और उसने अपना मुँह छूकर सिल हिला दिया।

"गूँगे हैं।"

"नहीं, सुन सकते हैं। आप हमें सुन सकते हैं?"

उसने "हाँ" में सिर हिलाया।

"बात कर सकते हैं?"

चन्द्रन ने इसके लिए भी इशारे में 'हाँ' की, दसों उँगलियाँ ऊपर उठाईं, ओंठ छुए, आसमान की तरफ़ देखा और सिर हिला दिया। लोग यह समझे, "स्वामी जी दस साल, या दस महीने या दस दिन मौन व्रत में हैं।"

और भी बहुत से गाँव वाले इकट्ठे होकर उसे देखने लगे। इतने लोगों की नज़रों से घिरे चन्द्रन को अटपटा लगने लगा। उसने आँखें बन्द कर लीं। लोगों ने मान लिया कि ध्यान में डूब गए हैं।

गाँव का एक खास लगने वाला आदमी आगे बढ़कर पूछने लगा, "आप मेरे घर की शोभा बढ़ाने मेरे साथ चलेंगे?"

चन्द्रन ने इशारा करके इसे भी अस्वीकार कर दिया और रात पेड़ के नीचे ही बताई।

अगले दिन सवेरे जब गाँव वाले वहाँ से होकर अपने खेतों पर जाने लगे तो हाथ जोड़कर उन्हें प्रणाम किया। किसी एक ने केले लाकर उसके सामने रख दिए, एक दूसरा दूध ले आया। चन्द्रन ने इन्हें स्वीकार कर लिया और खा-पीकर उठ खड़ा हुआ।

किसी ने पूछा, "स्वामी जी, आप कहाँ जाएँगे?"

चन्द्रन ने लम्बाई में हाथ घुमाकर जैसे बताया कि बहुत दूर जा रहा हूँ।

इस पर लोग उससे यहीं ठहरने का आग्रह करने लगे। "स्वामी जी, यह गाँव अभागा है। यहाँ बहुत कम लोग आते हैं। आप यहाँ कुछ दिन रहकर हमें आशीर्वाद दीजिए। यह हमारी प्रार्थना है।" चन्द्रन ने सिर हिला दिया लेकिन वे उसे जाने नहीं देना चाहते थे। "स्वामी जी, यहाँ आपका रहना ही हमारे लिए शुभ होगा। यहाँ साधु-संन्यासी आते ही कहाँ हैं। आप कुछ दिन रहने की कृपा करें।"

चन्द्रन उनकी इस प्रार्थना से पिघल गया। अब तक कहीं भी उसका इतना आदर नहीं हुआ था। और जगहों में उसे सम्मान तो मिलता था, लेकिन आग्रह कोई नहीं करता था। उसने सोचा : "बेचारे! यहाँ शायद कोई भला आदमी आता ही नहीं, और पता नहीं, हर जगह से यह कितनी दूर है। मेरे रहने से इन्हें सुख मिलता है तो मैं क्यों न रुक जाऊँ? यह जगह भी और सब जगहों जैसी ही है।"

वह बरगद के नीचे जाकर बैठ गया। लोग यह देखकर प्रसन्न हो उठे कि उसने यहाँ रहने की बात मान ली है। स्त्री, पुरुष, बच्चे सब उसके पास आने लगे।

जल्द ही यह खबर आसपास के सभी गाँवों में फैल गई कि एक युवक संन्यासी, जिसने दस वर्ष का मौन व्रत धारण किया है, यहाँ आया है और बरगद के पेड़ के नीचे कठिन ध्यान में मग्न है।

दूसरे दिन से बहुत से गाँवों से सैकड़ों लोग उसके दर्शन करने आने लगे, और इन्हें देखकर चन्द्रन बाकायदा ध्यान की मुद्रा में पालथी मारकर और आँखें बन्द करके बैठ गया।

गाँव वालों को उसपर सन्देह करने का विचार तक नहीं आया। ये सब ज़्यादातर मामलों में—आपसी लड़ाई-झगड़ों के अलावा—अनभिज्ञ और अनजान थे और साधु की ऊपरी वेशभूषा से ही उसे धार्मिक व्यक्ति मान लेते थे।

शाम के समय चन्द्रन ने आँखें खोलीं तो पाया कि उसके सामने बहुत कम लोग रह गए हैं। उसने इशारा किया कि उसे छोड़कर चले जाएँ। दो-तीन दफ़ा यह इशारा करने पर वे चले गए।

रात हो गई थी। कोई उसके लिए एक लालटेन जलाकर रख गया था। उसने चारों तरफ़ नज़र डाली। सब लोग उसके लिए फल, मिठाई, दूध और खाना लाए थे। ये सब वस्तुएँ देखकर उसकी छाती में धुरी-सी चलने लगी। उसे लगा कि वह धोखेबाज़ है, उसने इन सीधे-सादे लोगों को चकमा दिया है। ये सब उपहार उसकी जालसाज़ी के ही परिणाम हैं। वह सोचने लगा कि काश! वह इनके विश्वास के सचमुच योग्य होता! सामने रखे उपहार उसे दुख दे रहे थे। उसने अपने को बुरा-भला कहते हुए कुछ फल खाए और थोड़ा सा दूध पिया।

वह उपहारों से दूर हट गया, लेकिन उन पर रोशनी पड़ रही थी, उसने लालटेन भी बुझा दी—यह भी उसे नहीं चाहिए थी।

अँधेरे में बैठकर उसने अपने व्यवहार का विश्लेषण आरम्भ किया। जिस क्षण से उसने यह गेरुआ चोला धारण किया था, उस समय से आज तक वह दूसरों के दान और कृपा पर जीवित रह रहा था, यह दान उसे धोखे के कारण प्राप्त हुआ था, इसका वह अधिकारी नहीं था। वह जीवन-भर ऐसी ही चालबाज़ी करता रहा है। उसने अपने से कहा कि यदि वह सचमुच साधु है तो उसे या तो भोजन के बिना रहना चाहिए या उपवास करके मर जाना चाहिए। इस धोखे से प्राप्त भोजन तथा फल-मिठाइयों से उसे अपने दरिद्र पेट को नहीं भरना चाहिए।

वह इस प्रश्न का उत्तर प्राप्त करने की कोशिश करता रहा कि इस दयनीय अवस्था को वह क्यों प्राप्त हुआ है। वह अपने को धोखा देना नहीं चाहता था, इसलिए उसे इसका उत्तर दो शब्दों में प्राप्त हुआ : "मालती" और "प्रेम"। पहले शब्द के कारण ही उसकी यह दुर्गति हुई है। इसके लिए उसने अपने माता-पिता को त्याग दिया, जिन्होंने उसे अपना पूरा प्यार, पैसा और मार्गदर्शन दिया था। उसे विश्वास हो गया कि उसने अपने माता-पिता को दुखी करने के लिए ही यह सब किया था, और चिन्ता के कारण वे अब तक मर ही गए होंगे। उनकी अब तक की देखभाल का उसने यही प्रतिदान दिया था। वह इस सम्बन्ध में जितना ज़्यादा सोचता, उतना ज़्यादा मालती पर उसका क्रोध बढ़ता जाता। यह लगाव मूर्खतापूर्ण ही था। उसने उसके प्रति कभी कोई भाव व्यक्त नहीं किया था, बहुत से अवसर आए, जब वह उसे देखने का भाव प्रकट कर सकती थी। इच्छा हो तो राह निकल आती है। वह उसके साथ खेल ही रही थी, शैतान की तरह। स्त्रियाँ ऐसी ही होती हैं, वे लोगों को कष्ट देना पसन्द करती हैं? और सिर्फ उसकी याद की खातिर, वह इस दशा को पहुँचा है। वह उस याद को, उस प्यार को बुरा-भला कहने लगा। प्यार कुछ नहीं होता, यह एक मूर्खतापूर्ण साहित्यिक कल्पना मात्र है। अगर लोग किस्से-कहानियाँ न पढ़ें, तो उन्हें पता ही न चले कि प्यार भी कोई चीज़ है। यह ज़बरदस्त पागलपन है। यह सचमुच कुछ नहीं है। और इस 'कुछ नहीं' से प्रभावित होकर उसने अपनी यह दुर्दशा कर ली है—सबको छोड़ दिया है और नकली साधु बना घूम रहा है!

चन्द्रन सोचने लगा कि वह गाँव के बीच में खड़ा हो जाए, सबको इकट्ठा करे और उन्हें अपनी असलियत बता दे। हो सकता है वे विश्वास न करें या सोचें कि यह पागल हो गया है, या विश्वास करके सोचने लगें कि मैंने उन्हें धोखा दिया है, इसलिए मुझे घेरकर इतना मारें कि मेरे अंजर-पंजर ढीले हो जाएँ। वह अपनी इस अवस्था को कल्पना में देखने लगा, और खुश हुआ कि यही उसकी सही सज़ा होगी।

वह उठा। तय किया कि उसके लिए गाँव छोड़ देना ही सर्वोत्तम होगा। वह बरगद का सहारा छोड़कर एक दिशा में चल पड़ा।

चन्द्रन रात भर चलता रहा। सवेरे उसे एक बस दिखाई दी। उसने उसे रोक लिया।

"क्या तुम मुझे बिठा लोगे?"

"कहाँ जाना है?"

"जिधर तुम जा रहे हो।"

ड्राइवर ने सीटों पर नज़र डाली और बड़बड़ाने लगा।

"तुम जहाँ कहोगे, मैं उतर जाऊँगा, जहाँ भी तुम्हें पूरी बस की सवारियाँ मिलें, मैं उतर जाऊँगा।"

बस काफ़ी खाली थी, और गेरुआ कपड़े पहने आदमी से कंडक्टर 'ना' नहीं कर सका। बोला, "आ जाओ।"

"संन्यासी बस में चढ़ गया और बोला, "मैं रात-भर पैदल चला हूँ। मुझे किसी ऐसी जगह छोड़ देना जहाँ तारघर हो।"

कंडक्टर ने एक क्षण सोचकर कहा, "मदुरम में है।"

"यहाँ से कितनी दूर है?"

"करीब दस मील। लेकिन हम मदुरम नहीं जाते। दो मील पहले कल्कि की सड़क पर मुड़ जाएँगे।"

चन्द्रन चौराहे पर उतर कर दो मील पैदल चलकर मदुरम पहुँचा। यह समरी नदी के किनारे छोटा-सा कस्बा था। बीचवाली सड़क पर एक पोस्ट ऑफिस और उसी में तारघर था। चन्द्रन खिड़की पर जा खड़ा हुआ और पोस्ट मास्टर से बात करने लगा। "मैं कुछ बात करना चाहता हूँ। भीतर आ जाऊँ?"

पोस्ट मास्टर ने ध्यानपूर्वक उसे देखा और बोला, "आ जाओ।"

चन्द्रन भीतर चला गया। पोस्ट मास्टर उसे सन्देह से देख रहा था। इन दिनों बहुत से अंग्रेज़ी बोलने वाले संन्यासी सब तरफ घूमने लगे थे, जो भविष्य बताने की बात करके हरेक से दो-एक रुपया ऐंठ ले जाते थे।

"तुम शायद मेरा भविष्य देखना चाहते हो?" पोस्ट मास्टर ने पूछा।

"जी नहीं। मैं ज्योतिष नहीं जानता।"

"आजकल बहुत से संन्यासी यह धंधा करने लगे हैं। इन सबके लिए पैसा किसके पास है?

चन्द्रन ने कहा, "मेरे पास बदले में देने के लिए ज्योतिष भी नहीं हैं।" इसके बाद उसने उन्हें अपने जीवन की कहानी सुनाई और समस्या बताई।

उसकी कहानी सुनकर पोस्ट मास्टर ने पिताजी को तार करके पैसा भेजने के लिए डेढ़ रुपया उधार देना स्वीकार कर लिया।

चन्द्रन ने शेव करने और कपड़े बदलने की इच्छा भी व्यक्त की। पोस्ट मास्टर ने एक नाई को बुलवाया और उसे पहनने के लिए एक पुरानी शर्ट और धोती दी।

चन्द्रन ने नाई को हिदायत दी कि सिर के बाल पूरे ध्यान से काटे और गालों की हजामत तीन दफ़ा करे।

इसके बाद वह नहाने चला गया और तरोताज़ा होकर लौटा। अब वह पोस्ट मास्टर की कमीज़ और धोती पहने था। गेरुए कपड़े एक पोटली-सी वनाकर हाथ में ले लिए थे। इन्हें पोस्ट मास्टर को दिखलाकर बगल की गली में फेंक दिया।

फिर उसने ज़रा सा तेल और कंघा मांगा। तेल सिर पर चुपड़ा और शीशे के सामने खड़े होकर बाल काढ़ने की कोशिश की।

कई महीने तक कमीज़ के बिना ज़िन्दगी जीने और रूखी-सूखी चमड़ी की परेशानियाँ सहने के बाद अब साफ़ शर्ट और चिकनी ठोड़ी पर हाथ फेरकर चन्द्रन ने बड़ी स्फूर्ति और प्रसन्नता का अनुभव किया।

चार बजे के करीब तार द्वारा उसके पास पचास रुपये आ पहुँचे, जबकि उसने पच्चीस ही मँगवाए थे।

रात को एक बजे मद्रास जाने वाली मेल ट्रेन मदुरम से गुज़री। चन्द्रन ने मालगुडी का टिकट खरीदा और उसमें बैठ गया। आगे के दो जंक्शनों पर गाड़ियाँ बदल कर दो दिन बाद सवेरे के समय मालगुडी स्टेशन पर जा उतरा।

4

उसका एकदम बदला रंग-रूप देखकर माता-पिता चकित रह गए।

पिताजी बोले, ''चन्दर, मुझे तुम्हें लेने स्टेशन आना चाहिए था। लेकिन तुम कब आ रहे हो, इसका पता नहीं था।''

माँ ने कहा, ''तुम तो लाश लग रहे हो। हड्डियाँ कैसी निकल आई हैं। गाल एकदम पिचक गए हैं। क्या करते रहे इतने दिन?''

सीनू ने पूछा ''मेरे क्रिकेट बैट का क्या हुआ? तुम्हारा कोट कहाँ है? शर्ट एकदम ढीली है। बाल गायब हैं। इतने छोटे क्यों कर लिए? और बैग कहाँ गया?''

पिताजी और माँ दोनों बहुत परेशान दिखाई दे रहे थे। माँ ने कहा, ''एक कार्ड तक नहीं डाल सकते थे?''

''डाला था,'' चन्द्रन बोला।

''सिर्फ एक। इसके बाद भी कभी डाल दिया होता।''

पिताजी ने पूछा, ''तो खूब घूमे? कहाँ-कहाँ हो आए?''

''बहुत जगह गया। घूमता ही रहा,'' चन्द्रन यह कहकर चुप हो गया। पिताजी इससे ज़्यादा कभी नहीं जान पाए।

''चाचा के यहाँ क्यों नहीं गए?''

''वहाँ मुझे अच्छा नहीं लगता,'' चन्द्रन ने कहा, ''तुम लोग मेरे कारण बहुत परेशान तो नहीं हुए?''

''माँ हुई। वह सोचती थी कि कोई बड़ी दुर्घटना हुई है तुम्हारे साथ। हर रोज़ मुझे पुलिस स्टेशन जाने की ज़िद करती थी।'' इसके बाद माँ की तरफ़ देखकर उन्होंने कहा, ''मैं नहीं कहता था कि तुम फिजूल की बातें सोचती हो?''

''हाँ,'' वह बोली, ''और जैसे तुम चिन्तित नहीं रहे। कितनी दफ़ा तुमने कहा कि अखबार में निकलवा देना चाहिए।''

पिताजी झेंप गए।

चन्द्रन बोला, "ऐसा कुछ किया तो नहीं आप लोगों ने?"

"नहीं, नहीं," पिताजी ने कहा। "लेकिन अगर कुछ और हफ्ते तुम्हारा पता नहीं चलता, तो ज़रूर मैं कुछ करता। लेकिन तुम्हारी माँ तो बेहद चिन्तित थी।"

"और जैसे तुम नहीं थे," माँ ने फिर कहा। "तीन दफा तुम मद्रास नहीं गए, फिर त्रिचनापल्ली और न जाने कितने लोगों को चिट्ठियाँ लिखीं?"

सीनू बोला, "भैया, माँ और पिताजी सचमुच चिन्तित थे। घर में कोई मुझसे बात नहीं करता था। इन दिनों ये दोनों बहुत गुमसुम और बददिमाग हो गए थे। मुझे भी घर अच्छा नहीं लगता था, भैया! रसोइये के सिवा मुझसे और कोई बात नहीं करता था। तुम्हें चिट्ठी ज़रूर लिखनी चाहिए थी। और विन्स के यहाँ से बैट नहीं तो कैटेलाग ही ले आते।"

चन्द्रन अपने कमरे में गया तो देखा उसका सारा सामान जहाँ जैसे रखा था, अब भी रखा है। जो किताबें वह मेज़ पर छोड़ गया था, वहीं थीं; चारपाई उसी जगह पड़ी थी, अलमारी जहाँ की तहाँ रखी थी, पुराना भूरा कोट स्टेंड के उसी हुक पर लटका था; खिड़की के पास रखी मेज़ पर पैड भी उसी तरह खुला पड़ा था। यही नहीं, किसी भी चीज़ पर धूल का एक कण नहीं था, न कोई मकड़ी का जाला कहीं दिखाई देता था। सच कहा जाए तो पहले की तुलना में हर चीज़ अब ज़्यादा साफ़-सुथरी और करीने से लगी दिखाई दे रही थी। यह देखकर उसे बहुत अच्छा लग रहा था। हर चीज़ उसे उत्तेजित कर रही थी। वह दौड़कर माँ के पास गया और पूछने लगा, "माँ, मेरे कमरे की हर चीज़ इतनी साफ-सुथरी क्यों बनी हुई है?"

जवाब पिताजी ने दिया, "यह हर रोज़ सवेरे बड़े ध्यान से उसकी सफ़ाई करती थी।"

"तुमने इतनी तकलीफ़ क्यों उठाई, माँ?"

यह सुनकर वह शर्म से लाल हो उठी, "इससे अच्छा और मेरे करने के लिए था भी क्या?"

"तुमने सीनू से मेरा कमरा कैसे बचाया?"

इसका जवाब सीनू ने ही दिया, "माँ हर वक्त कमरे में ताला लगाकर रखती थीं, घंटे भर के लिए भी नहीं खोलती थीं।"

चन्द्रन ने अचानक पूछा, "रामू की कोई खबर है? क्या वह कभी आया?"

"नहीं।"

"मेरे नाम उसका कोई खत भी नहीं आया?"

"नहीं।"

"उसके घर के लोग कहाँ हैं? अब वे उस घर में नहीं रहते?"

"उसके पिता का तबादला किसी तेलुगु ज़िले के लिए हो गया था। तब वह घर छोड़कर चले गए।"

चन्द्रन को लगा कि रामू के बारे में वह आखिरी खबर सुन रहा है। जहाँ तक उसका सवाल था, रामू का अस्तित्व खत्म हो चुका था। रामू कभी खत नहीं लिखता था। एक कार्ड के अलावा पिछले दो साल से कभी पत्र नहीं लिखा था। अब तक उस घर में उसका परिवार था, इसलिए खबर मिलने की कुछ उम्मीद भी थी। लेकिन अब वह भी खत्म हो गई थी। चन्द्रन उदासी से सोचने लगा, "हम दोनों अब अलग हो गए। वह कभी मेरे बारे में नहीं सोचेगा। बहुत अस्थिर दिमाग़ है उसका। जो सामने नहीं होता, उसके बारे में कुछ नहीं सोचता।"

माँ ने कहा, "जाते समय वे हमसे मिलने आए थे। तब उन्होंने बताया था कि रामू को बम्बई रेलवे में पचहत्तर रुपये की नौकरी मिल गई है।"

यह सुनकर चन्द्रन को बड़ी चोट लगी। कैसा दोस्त है जो इतनी खुशी की खबर देने के लिए भी पत्र नहीं लिख सका। रामू का यही स्वभाव है। प्रेम की तरह मित्रता भी एक भ्रम ही है, हालाँकि इसमें उतना पागलपन नहीं होता। लोग दोस्त होने का दिखावा करते हैं, जबकि सच्चाई यह है कि परिस्थितियों के कारण वे एक-दूसरे के समीप आते हैं। क्लास में या क्लब में या दफ्तरों में मित्र बनते हैं। जब ये स्थितियाँ बदल जाती हैं, दोस्तियाँ भी खत्म हो जाती हैं। उन दिनों नदी-किनारे के सब सैर-सपाटों, सिगरेटों, सिनेमा और गोपनीय बातों के बाद भी रामू को अब उसकी कोई परवाह नहीं है। मित्रता, वाह! जीवन में कितने बेमतलब शब्द चल पड़े हैं!

"चन्द्रन, क्या बात है? तुम अचानक चुप क्यों हो गए?" पिताजी ने पूछा।

"कुछ नहीं, पिताजी," चन्द्रन ने जवाब दिया। "मैं कुछ सोचने लगा था। अच्छा, आपको अपने कॉलेज के पुराने दोस्तों की कुछ याद है? अब वे कहाँ हैं?"

पिताजी ने याद करने की कोशिश की। फिर उन्होंने सोचना छोड़ दिया। "कुछ याद नहीं आता। अगर उस ज़माने का ग्रुप फोटो देखूँ तो शायद कुछ याद आये।" पत्नी की ओर मुड़कर उन्होंने कहा, "पता है, वह फोटो कहाँ है?"

"मैं क्या जानूँ?" उसने जवाब दिया।

सीनू बोला, "मुझे कबाड़े में एक ग्रुप फोटो मिला था, जिसे मैंने अपनी मेज़ पर रख लिया है। उसका शीशा टूट गया है। वही तो नहीं है आपका फोटो?"

चन्द्रन ने कहा, "मुझे पूरे क्लास से कोई मतलब नहीं है। सिर्फ वे लोग जो आपके दोस्त होंगे।"

"क्रिश्चियन कॉलेज में मैंने जो चार साल बिताए, वहाँ मेरे तीन-चार खास दोस्त थे। होस्टल में हम कमरे में साथ या बगल में रहते थे। हम हमेशा साथ रहते थे...शिवरामन, उसने इंपीरियल सर्विस ज्वाइन कर ली और कुछ साल बिहार में रहा। उसे खत लिखे तीस साल हो गए। पिछले दिनों मैंने अखबार में पढ़ा कि वह रेलवे बोर्ड में किसी विभाग का चीफ़ या कुछ होकर रिटायर हो गया है। गोपाल मेनन...वह

सिविल सर्विस में रहा। कुछ साल पहले दिल के दौरे से वह चल बसा। यह भी मैंने अखबार में ही पढ़ा, उसकी पत्नी को संवेदना का पत्र भेजा। दूसरा, जिसे हम कुट्टी कहते थे, पूरा नाम याद नहीं आ रहा...वह पता नहीं, कहाँ है? सिर्फ माधवराव इसी शहर में है।"

"वो बूढ़े से...जो कॉलेज के पास रहते हैं?"

"नहीं, वो कोई और हैं। ये हैं के.टी. माधवराव, रिटायर्ड पोस्टल सुपरिंटेंडेंट। हम दोनों गहरे दोस्त थे।"

"आप लोग अक्सर मिलते हैं?"

"कभी-कभी। वह क्लब नहीं आता। अब तुम पूछ रहे हो, तो...शायद मैं चार साल पहले उसके यहाँ गया था, तब उसे ब्लड प्रेशर की शिकायत थी।

"आप दोनों कॉलेज में एक साथ वक्त बिताते थे?"

"हाँ-हाँ...लेकिन होता यह है कि हमेशा तो कोई एक-दूसरे के साथ नहीं रह सकता। हर किसी को अपने अलग रास्ते पर जाना पड़ता है।"

चन्द्रन को जीवन का यह सत्य पता चला, तो उसका मन बैठ गया। तो वर्षों बाद वह अपने नाती-पोतों से कहेगा, "मेरा एक दोस्त रामू था। पचास साल से हमने एक-दूसरे को पत्र नहीं लिखा। पता नहीं, वह जीवित भी है या नहीं।" उसके पिता के पास कम-से-कम ग्रुप फोटो तो है जो कबाड़खाने में पड़ा था। उसके पास तो यह भी नहीं है—वह इसे खरीदना ही भूल गया।" यह भी मैंने अखबार में ही पढ़ा...।" समय कितना निर्दय होता है?

वह बगीचे में टहलने चला गया। उसने देखा, चारों तरफ घास ऊँची-ऊँची उग आई है, फूलों के पौधे सूखते जा रहे हैं। जगह-जगह झाड़ियाँ फैलने लगी हैं जो एक-दो गुलाब और क्रेटन के उगने की कोशिश कर रहे पौधों को रोक रही हैं। अब तक उसने कभी बाग की यह हालत नहीं देखी थी। जब से भी उसे याद है, पिताजी रोज़ सवेरे और शाम उसमें काम करते थे। और उस माली का क्या हुआ? पिताजी की यह दशा क्यों हुई?

वह भीतर लौटकर पूछने लगा, "यह पौधों को क्या हुआ?"

पिताजी ने चौंककर कहा, "पता नहीं..."

"आपने बगीचे की देखभाल बन्द कर दी?"

"पौधों के लिए मैं क्या करता...," वे बोले।

"फिर आप क्या करते रहे?"

"अब यह क्या बताऊँ..."

माँ ने शैतानी से मुस्कराकर कहा, "ये अपने खोए हुए बेटे की तलाश में लगे थे।"

"लेकिन मैंने तो आपको लिखा था कि आप बहुत दिन तक मेरे बारे में कुछ नहीं सुनेंगे, लेकिन चिन्ता की कोई ज़रूरत नहीं है।"

"हाँ, तुमने लिखा तो था। लेकिन बात यह नहीं है। माँ मज़ाक कर रही है। इसे भूल जाओ।"

शाम को चन्द्रन मोहन से मिलने गया। चलने से पहले उसने माँ से कहा, "हो सकता है, मैं रात को न आऊँ। मोहन के साथ होटल में सो सकता हूँ।"

मोहन के होटल की तरफ बढ़ते हुए चन्द्रन कठोर उपेक्षा से उस शाम के बारे में सोचने लगा, जब वह आखिरी बार यहाँ आया था। लेकिन वह उपेक्षा ज़बरदस्ती पैदा की गई थी, और माडर्न इंडियन लॉज के सामने पहुँचते ही उसका दिल तेज़ी से धड़कने लगा। अगर वह इसी समय सामने वाले घर के दरवाज़े पर खड़ी हो? होटल में प्रवेश करने से पहले, अपने कठोर निश्चय के बावजूद, उसका सिर उस घर की तरफ़ एक बार घूम ही गया, लेकिन वहाँ कोई नहीं था। होटल की सीढ़ियों पर चढ़ते हुए उसने इसके लिए अपने को खूब धिक्कारा। अब भी उसका भ्रम नष्ट नहीं हुआ। क्या वह दोबारा संन्यास लेकर घूमने-फिरने की तैयारी कर रहा है?

वह छज्जे पर आकर कमरा नं. 14 के सामने रुका। उस पर ताला पड़ा था। दरवाज़े पर किसी और का नाम लिखा था। चन्द्रन फिर नीचे उतरा और मैनेजर से पूछा कि क्या मोहन अब यहाँ नहीं रहता?

"कमरा नं. 14," मैनेजर ने जवाब दिया।

"उस पर तो ताला पड़ा है, और नाम भी किसी दूसरे का लिखा है।"

"हाँ, वह तो पुराना चौदह नम्बर है। नया चौदह नम्बर सबसे ऊपर की मंज़िल पर है।"

चन्द्रन ऊपर चढ़कर गया और उस मंज़िल पर एक नए बने कमरे पर चौदह नम्बर लिखा पाया। कमरा छोटा था लेकिन साफ़ और हवादार था, और इसमें लकड़ी-वकड़ी का पार्टीशन नहीं था। एक मेज़ और कुर्सी भी थी, दीवाल पर तसवीरें लगी थीं, सब कुछ चाक-चौबन्द था।

मोहन उसे देखकर दंग रह गया। पाँच मिनट तक तो उसकी आवाज़ ही नहीं निकली, फिर जब मुँह खोला तो सवाल पर सवाल करने लगा, "अपना क्या हाल बना लिया है तुमने? कहाँ थे अब तक? क्यों..."

"यह तो बड़ा शानदार कमरा है।" चन्द्रन बोला, "पुराना वाला क्यों छोड़ दिया?"

"अब मैं पैसे वाला हो गया हूँ," उसने हँसते हुए कहा, "अपने बारे में बताओ।"

"मेरी बड़ी लम्बी कहानी है। रामायण की तरह। वह भी सुनाऊँगा। अभी अपनी इस उन्नति के बारे में बताओ।"

"अब मेरी आमदनी बढ़ गई है। 'डेली मैसेन्जर' तीस हज़ार बिकने लगा है। अब वे मुझे पाँच रुपये कॉलम देते हैं, और ज़्यादा काटते भी नहीं, क्योंकि इस इलाके में इसकी बिक्री बढ़ाना चाहते हैं। एक नई कम्पनी उसे चला रही है। पेमेंट वक्त पर करते हैं। अब मैं हर महीने बीस कॉलम की कमाई करता हूँ। इसके अलावा हर हफ्ते मैगज़ीन सेक्शन में मेरी एक कविता भी छापते हैं, और चार आने लाइन के हिसाब से देते हैं।" मोहन तगड़ा भी लग रहा था, खुश तो था ही।

"बढ़िया खबर है," चन्द्रन बोला "मुझे खुशी हुई कि वह कोठरी छोड़ दी।"

"इस कमरे का किराया पाँच रुपये ज़्यादा है। मैंने इसका नम्बर भी चौदह ही रखने की ज़िद की, यह मेरा लकी नम्बर है। इसलिए इसे "न्यू फोरटीन" कहते हैं–और पुराने वाले को "ओल्ड फोरटीन"। यह कमरा अभी हाल में ही बना है। होटल का मालिक भी पैसे वाला हो गया है, उसने यह होटल खरीद लिया है और कई नये कमरे भी बनवाए हैं। बेचारा सालों तक पनप नहीं सका, लेकिन अब यहाँ ढेरों लोग आकर ठहरते हैं और वह चाँदी काट रहा है। मैं यह होटल छोड़ने की सोच रहा था, लेकिन फिर मन नहीं हुआ। इसका बूढ़ा मालिक और मैं बुरे दिनों से एक-दूसरे के साथी हैं। उन दिनों कई दफ़ा उसके होटल में चावल का दाना भी नहीं होता था, और कई दफ़ा मैं एक-दो रुपये उधार लेकर उसे देता था कि चावल लेकर खाना खिलाए।"

कई दफ़ा अपने को रोकने की कोशिश करने के बाद आखिरकार चन्द्रन ने पूछ ही लिया, "वे लोग अभी भी इसी घर में रहते हैं?"

मोहन मुस्कराया और थोड़ी देर रुककर जवाब दिया, "शादी के कुछ ही दिन बाद यह घर छोड़ दिया। पता नहीं, अब कहाँ रहते हैं।"

"इसमें अब कौन रहता है?"

"किसी मारवाड़ी ने इसे खरीद लिया है। उधारी का काम करता है।"

हर जगह परिवर्तन हो गया था। परिवर्तन, परिवर्तन...। चन्द्रन को यह स्थिति अच्छी नहीं लग रही थी। "मैं सिर्फ आठ महीने बाहर रहा, या अठारह साल बाहर रहकर आया हूँ?"–वह अपने से पूछने लगा। "मोहन, आज की पूरी शाम सरयू नदी के किनारे चलकर बितायें, मुझे तुमसे बहुत-सी बातें करनी हैं। पहले किसी होटल में कुछ खाते हैं, फिर वहाँ चलेंगे।"

मोहन हिचकने लगा। म्युनिसिपैलिटी की एक विशेष मीटिंग में उसका जाना ज़रूरी था।

लेकिन चन्द्रन ने ड्यूटी बजाने की उसकी बात अनसुनी कर दी और उसे चलने के लिए राज़ी कर लिया। "खैर, मैं कल "गज़ट" के संवाददाता से यह खबर ले लूँगा। अपने पेपर में भेजना ज़रूरी है।"

वे पहले कॉफ़ी पीने एक होटल में गए, फिर नदी की तरफ निकल गए। रेत पर घूमते-फिरते लोगों के वापस चले जाने के बाद भी देर रात तक मोहन की यात्राओं की कहानी चलती रही। फिर उसने जीवन का अपना नया दर्शन बताया, जो इस घनघोर संघर्ष के बाद उसे प्राप्त हुआ था—कि प्रेम और मित्रता दो बड़े भ्रम हैं। उसने स्पष्ट किया कि लोग अपनी यौन आवश्यकता को पूरा करने के लिए विवाह करते हैं, और घर को चलाने वाला भी कोई चाहिए। स्त्री और पुरुष के सम्बन्धों में इससे ज़्यादा गहरी कोई बात नहीं होती।

तालुक दफ्तर के घंटे ने ग्यारह बजाए, तो चन्द्रन ने कहा, "याद रखना, मैंने किसी को भी यह नहीं बताया है कि आठ महीने मैं संन्यासी रहा। तुम भी यह बात अपने तक ही रखना। मैं नहीं चाहता कि कोई मेरे बारे में बात करे।"

इसके बाद वे उठे और सूनी पड़ी सड़कें पार करते हुए होटल आ गए।

अब चन्द्रन शान्ति और गम्भीरता का जीवन बिताने लगा। उसने महसूस कर लिया था कि कल्पना और नाटकबाज़ी से बचना उसके लिए बहुत आवश्यक है।

अब वह बगीचे में काफी समय व्यतीत करता था। हर सवेरे दो घंटे वहाँ जाकर काम करता था। पौधों और किताबों में ही उसका समय गुज़रता था। शाम को साइकिल उठाकर—यह पुरानी साइकिल उसने अभी हाल में ही खरीदी थी—ट्रंक रोड पर काफ़ी दूर तक निकल जाता और रात होने पर मोहन के होटल का रुख करता था।

इस तरह की ज़िन्दगी शान्ति का भाव तो उत्पन्न करती ही थी, शायद, गम्भीरता को भी जन्म देती थी। मज़बूत इच्छा-शक्ति के सहारे उसने परेशान करने वाले विचारों को पास नहीं फटकने दिया और बहुत ध्यानपूर्वक, जैसे रस्से पर चल रहा हो, नाटक-बाज़ी से भी बचने की कोशिश की। उसने निश्चय कर लिया था कि अपने दिमाग़ को एक क्षण के लिए भी स्वतंत्र नहीं छोड़ेगा। यहीं से सारी परेशानियाँ शुरू होती हैं। अब वह जो भी काम करता, पूरे मनोयोग से उसे पूरा करता था। अगर बगीचे में खुदाई कर रहा होता, तो उसका मस्तिष्क सिर्फ मिट्टी और कुदाली के बारे में सोचता था। अगर किताब पढ़ता, तो कोशिश करता कि उसके शब्द नशे की तरह उस पर छाते चले जाएँ। इस प्रकार ज़बरदस्त प्रयत्नपर्वूक वह अपने मस्तिष्क को प्रशिक्षित करने में लगा था।

फिर भी, कुछ दृश्य और ध्वनियाँ अभी भी ऐसी थीं, जो किन्हीं सम्पर्कों अथवा अन्य प्रकार से, उसे मालती की याद दिलाते रहते थे। वह इनसे बचने की कोशिश करता। सूरज डूबने से पहले अब वह नदी पर नहीं जाता था, और मालती जहाँ बैठती थी, वहाँ तो हरगिज़ नहीं जाता था। उसे खुशी थी कि उस घर में अब कोई

उधारी करने वाला आकर रहने लगा है। शहनाई की आवाज़, विशेष रूप से जब उस पर कल्याणी राग बजाया जा रहा हो, उसका सन्तुलन एकदम खत्म कर देती थी; मोहन के होटल जाते हुए वह शिव मन्दिर वाला मार्ग कभी नहीं पकड़ता था, क्योंकि वहाँ हर शाम शहनाईवादन होता था। मार्केट रोड की उस दुकान से वह आँखें चुराकर निकल जाता था, क्योंकि उसपर मालती जैसी आँखों वाला लड़का दिखाई देता था। इन सब सावधानियों के बावजूद कोई-न-कोई चीज़ उसे मालती की याद दिला जाती थी। इन अवसरों पर वह अपने दिमाग़ को विरोधी विचारों का धुआँ दिखाकर जला डालने की कोशिश करता था--जैसे, यह शैतानी कल्पना है; बिल्कुल झूठ है यह; मालती की यह याद इसलिए असत्य है। क्योंकि प्रेम दिमाग़ की एक बीमारी है; इसी के कारण मैंने भीख माँगी और धोखा दिया; अपने माता-पिता को छोड़ा; ये ही कारण हैं माँ की झुर्रियों और सफेद बालों के और पिताजी के बाग़ की देखभाल छोड़ देने के; इसी कारण एक गरीब पोस्ट मास्टर को अपनी एक कमीज़ तथा धोती से वंचित होना पड़ा।

लेकिन एक बात और भी थी जिससे वह चिन्तित रहता था, और जिसे वह अपने दिमाग़ से निकाल नहीं पाता था। यह था काम-धंधे का सवाल। वह अक्सर सोचता था कि अगले साल वह इंग्लैंड चला जाएगा और वहाँ से कोई खास डिग्री लेकर आएगा, फिर उसके बाद नौकरी की तलाश करेगा। कई दफ़ा तो यह सोचकर उसका मन शान्त हो जाता, और कई दफ़ा नहीं भी होता था। अब वह चौबीस का हो रहा था। उसे कॉलेज से निकले दो वर्ष हो गए थे, लेकिन अभी तक वह जोंक की तरह पिता जी से ही चिपका हुआ था। इस विचार ने एक दिन उसे इतना परेशान किया कि वह बगीचे में काम कर रहे पिताजी के पास जा पहुँचा और बोला, "मैं सरकारी नौकरी के लिए क्यों न अर्ज़ी भेज दूँ?"

उन्होंने हाथ की खुरपी नीचे रख दी और सिर उठाकर पूछा, "तुम सरकारी नौकरी क्यों करना चाहते हो?"

चन्द्रन ने बुदबुदाकर कुछ कहा।

पिताजी समझ गए कि कोई बात उसे परेशान कर रही है, इसलिए उन्होंने कहा, "कोई जल्दी नहीं है।"

"लेकिन पिताजी, मैंने पहले ही काफी वक्त बरबाद कर दिया है। बी.ए. पास किए मुझे दो साल हो गए लेकिन न तो मैंने आगे पढ़ाई की, न कुछ काम शुरू किया।"

"इसे बरबाद करना क्यों कहते हो," पिताजी बोले, "तुम पढ़ते रहे हो और लोगों से मिलते-जुलते रहे हो, यह भी तो जरूरी ही है। फ़िक्र मत करो। इंग्लैंड से लौटकर नौकरी की बात करना। यही सबसे अच्छा होगा। क्लर्की से चालीस-पचास रुपये कमाने का कोई मतलब नहीं है, हालाँकि आजकल वह भी आसानी से नहीं मिलती।"

"लेकिन पिताजी, अब मैं चौबीस का हो गया हूँ, बच्चा नहीं रहा। इस उम्र में तो लोग पूरा परिवार चलाने लगते हैं।"

"ज़रूरी होता तो तुम भी करने लगते। अगर मैंने तुम्हें स्कूल में जल्दी भरती करा दिया होता, तो तुम बीस साल की उम्र में बी.ए. पास कर लेते। एक साल तो तुम्हारा टायफ़ायड में ही निकल गया।"

बीमारी और स्कूल जाने की देरी के कारणों का पिताजी के द्वारा स्वीकार चन्द्रन को अच्छा लगा, लेकिन अगर वह साधुगिरी के आठ महीने बचा लेता, तो इस समय वह इंग्लैंड में होता। उसने यह सोचकर अपने को समझाने की कोशिश की, कि इंग्लैंड में कुछ विशेष कर दिखाने से इसकी क्षतिपूर्ति हो जाएगी, और शिक्षा विभाग में वह कोई महत्त्वपूर्ण पद प्राप्त कर लेगा। पिताजी मद्रास वाले अपने भाई को बराबर चिट्ठियाँ लिख रहे थे कि इंग्लैंड जाने के विषय की सभी प्रारम्भिक जानकारियाँ इकट्ठा करके उन्हें भेजे। इन पत्रों से चन्द्रन को भी यह लगने लगा था कि उसके लिए कुछ काम हो रहा है। लेकिन कभी-कभी उसे इस पर सन्देह होने लगता था। वह सोचता था कि पिताजी इसके लिए इतना खर्च करें, क्या यह ज़रूरी है? वह यह भी सोचता कि इंग्लैंड जाने की बातें भी तो कहीं भ्रम ही नहीं हैं, और यह तो पिताजी का बहुत ज़्यादा खून चूसना होगा। वह इसका फ़ैसला नहीं कर पाता था। इसलिए उसने मोहन से राय ली। मोहन ने कहा, कि अगर वह यह महसूस करता है, तो कोई और काम क्यों नहीं करने लगता। चन्द्रन ने पूछा, कि क्या करे, तो उसने कहा, "हमारे अखबार की मुख्य एजेंसी ले लो। वर्तमान एजेंट से वे लोग खुश नहीं हैं, और उसे बदलना चाहते हैं। उन्होंने इसके लिए विज्ञापन भी दिया है।"

"इससे आमदनी क्या होगी?"

"यह तो काम पर निर्भर है। अगर ज़्यादा सरकुलेशन कर लोगे तो अच्छी आमदनी होगी।"

चन्द्रन की समझ में नहीं आया। "मैं कहाँ जाकर इसका प्रचार करूँगा?"

"एजेंट का यही तो काम है। छह महीने में अखबार का सरकुलेशन तीस हज़ार हो गया है, जो बहुत अच्छा है; यह सारे प्रदेश में बिकता है। यहाँ भी आसानी से बिक्री बढ़ाई जा सकती है। एजेंट न होता तो यह संख्या पच्चीस हज़ार से ज़्यादा न बढ़ती। मेरी दी हुई खबरें भी वे इसीलिए छापते हैं कि बिक्री बढ़ाने में मदद मिलेगी।"

लेकिन चन्द्रन को यह काम अपने योग्य नहीं लगा।

दूसरे दिन मोहन कुछ और जानकारी लेकर आया। "मैं एजेंट से मिला था। उसे कीमत का चौथाई मिलता है।" मोहन ने अपने दफ्तर को भी जानकारी भेजने के लिए लिखा और कुछ समय बाद जब वह आ गई, उसे चन्द्रन को दे दिया। कुछ और बातचीत और विचार करने के बाद चन्द्रन इस काम के लिए उत्साहित हो उठा। उसने पिताजी से पूछा, "अगर मैं इंग्लैंड न जाऊँ तो आपको बुरा तो नहीं लगेगा?"

"क्यों, क्या बात है? मैं सरकारी सूचना के बारे में लिख भी चुका हूँ।"

"मुझे लगता है कि इंग्लैंड का खर्चा बहुत ज़्यादा हो जाएगा।"

"तुम्हें उसकी चिन्ता करने की ज़रूरत नहीं है।"

"वहाँ कुछ महत्त्वपूर्ण करना और फिर लौटकर नौकरी की तलाश करना एक जुए की तरह ही लगता है।"

पिताजी चुप हो गए। चन्द्रन जब कुछ बात करने आता, वे परेशान हो उठते थे। चन्द्रन उन्हें अखबार की एजेंसी के फायदे गिना रहा था। इसमें उसे स्वतन्त्र जीवन, अच्छी आमदनी और फालतू समय की तस्वीर दिखाई दे रही थी। उसने आँकड़े देकर पिताजी को बात समझाई। हर रोज़ एक आने का अखबार बिकने पर एक पैसा लाभ। ज़िले भर में हज़ार अखबारों की मामूली बिक्री पर हर दिन ढाई सौ आने का फ़ायदा। इस तरह महीने में उसे 480 रुपये की आमदनी होगी, जो पन्द्रह साल सरकार की गुलामी करके भी उसे नहीं हासिल होगी। इसके अलावा व्यापार बढ़ता भी रह सकता है। उसने मालगुडी ज़िले की आबादी बताई, और कहा कि इसमें से अंग्रेज़ी पढ़े लोग कम-से-कम दस हज़ार होंगे, और इसमें से कम-से-कम पाँच हज़ार लोग अखबार के लिए हर रोज़ एक आना ज़रूर खर्च करना चाहेंगे, और ये ही वे लोग हैं जो 'डेली मैसेन्जर' के समर्थक और पाठक होंगे।

"एजेंसी के लिए हमें दो हज़ार रुपये जमा करने होंगे, जिस पर वे हमें ब्याज़ देते रहेंगे। उनके दफ्तर से किसी ने पत्र भेजा है कि अब तक कई लोग अर्ज़ी भेज चुके हैं, और एजेंसी के लिए ज़बरदस्त प्रतियोगिता हो रही है। पहली तारीख को वे एजेंट का चुनाव करेंगे। यह बहुत अच्छा मौका है पिताजी! मेरा ख्याल है कि यह इंग्लैंड जाने से अच्छा है।"

पिताजी चुपचाप सुन रहे थे।

माँ पास बैठी भगवान की पूजा के दीयों में डालने के लिए रूई की बत्तियाँ बना रही थीं, बोलीं, "यह ठीक कहता है। इंग्लैंड जाने की क्या ज़रूरत है?"

पिताजी ने कहा कि इस समस्या का जवाब इतना आसान नहीं है। उन्हें अखबार के व्यापार की कोई जानकारी नहीं थी। उन्होंने मद्रास में अपने भाई को पत्र लिखा कि इस विषय की पूरी जानकारी इकट्ठा करके भेजे। शाम को क्लब में उन्होंने शहर के मशहूर बैरिस्टर, लोकप्रिय व्यक्ति और अच्छे मित्र, नंजुन्दैया को एक कोने में ले जाकर उनसे पूछा, 'डेली मैसेन्जर' पढ़ते हो?

"हाँ!"

"कैसा अखबार है? मैंने देखा तो है, लेकिन तुम्हारी राय जानना चाहता हूँ।"

"मैं इसे खरीदता तो नहीं, पड़ोसी से लेकर पढ़ लेता हूँ। अच्छा अखबार है, स्वतन्त्र, किसी पार्टी का समर्थन नहीं करता।"

“बात यह है,” चन्द्रन के पिता ने कहा, “मेरा बेटा इस अखबार की एजेंसी लेना चाहता है, जिसके लिए दो हज़ार रुपये जमा करने होंगे। मैं तो इस बारे में कुछ नहीं समझता, लेकिन उसका ख्याल है कि यह लाभदायी सौदा है।”

“उसके इंग्लैंड जाने का क्या हुआ?”

“उसे यह ज़्यादा पसन्द लग रहा है। पता नहीं, यह लड़का हर रोज़ नया विचार पेश करता है, लेकिन अगर यह सचमुच सही काम है, तो मैं उसके रास्ते में आना नहीं चाहूँगा।”

रात को उन्होंने चन्द्रन को बताया, “मैंने नंजुन्दैया से बात की थी। उन्हें अखबार पसन्द है, लेकिन इस बारे में और कोई जानकारी नहीं है। उन्होंने कहा है कि पता करके बताएँगे।”

चन्द्रन बोला, “इस पूछताछ में वक्त बरबाद करना सही नहीं है। एजेंसी के लिए काफ़ी भाग-दौड़ हो रही है। हमें जल्दी करनी चाहिए।”

चन्द्रन अपने कमरे में चला गया, तो माँ ने कहा, “तुम लड़के को इतना परेशान क्यों कर रहे हो?” पिताजी को इसका कोई जवाब नहीं सूझा और वे अखबार उलटते-पलटते रहे। माँ ने दोबारा यही बात कही तो वे बोले, “यह तुम मेरे ऊपर ही छोड़ दो।”

“लड़का यहीं रहना चाहता है तो रहने क्यों नहीं देते? इंग्लैंड भेजने की क्या ज़रूरत है? सिर्फ पैसे की बरबादी। हमारे जो लड़के इंग्लैंड जाते हैं, वे क्या खास कर दिखाते हैं? सिर्फ सिगरेट पीना, शराब पीना और गोरी लड़कियों के साथ नाचना!”

“मेरा ख्याल है कि हमारा बेटा इससे ज़्यादा करके दिखाएगा।”

“अगर, जैसा वह कहता है, अखबार के काम में इतनी आमदनी है, तो उसे यही करने देना चाहिए।”

“अगर है तो...यही तो मैं जानना चाहता हूँ, उसे करने देने से पहले। मैं उसे यह सब जाने बिना, कि जो लोग अखबार चलाते हैं, वे कैसे हैं, अखबार कब तक चलेगा, और इस तरह की दूसरी बातें, उसे दो हज़ार रुपये का चेक नहीं दे सकता। जो काम साल-भर भी न चले, उसे करने देने में क्या तुक है? मैंने भाई को लिखा है। उसका जवाब आता होगा।”

“तुम हर बात भाई को लिखते रहते हो। मैं यह नहीं चाहती कि बेटा तुम्हारी वजह से फिर निराश हो जाए।” यह कहकर वह उठी और भीतर चली गई।

पिताजी देर तक उसकी दिशा में देखते रहे। फिर अपनी कुर्सी पर रुख बदला और अखबार उठा लिया।

चन्द्रन कुछ और सोच रहा था : “मुझे पिताजी को इस तरह परेशान करने का कोई हक नहीं है। उन्हें पता करने और इन्तज़ार करने का पूरा अधिकार है।

यदि मेरे भाग्य में एजेंसी लिखी होगी, तो मिल जाएगी; नहीं लिखी होगी तो किसी भी तरह नहीं मिलेगी।''

चार-पाँच दिन बाद मद्रास से चाचा का उत्तर आया। तब तक पिताजी एजेंसी की कोई चर्चा किए बिना अपने काम-धाम में लगे रहे, और चन्द्रन ने भी ऐसा व्यवहार किया, मानो 'डेली मैसेन्जर' नाम की कोई चीज़ नहीं है। लेकिन हर सुबह नौ बजे वह लॉली एक्सटेंशन के डाकघर जाता और पूछता कि पिताजी के लिए कोई खत तो नहीं है। आखिरकार, एक सवेरे पोस्टमैन उनके नाम का खत लेकर आ ही गया। उस पर मद्रास की मुहर लगी थी। कोई और वक्त होता, तो चन्द्रन झपट कर पोस्टमैन से पत्र ले लेता, उसे पिताजी के पास ले जाता, और उनसे तुरन्त बताने को कहता कि क्या लिखा है। लेकिन इस बार उसने इस वृत्ति पर रोक लगाई, पोस्टमैन से कहा कि वही पत्र पिताजी के पास ले जाए, फिर खुद शहर की लायब्रेरी में अखबार पढ़ने चला गया, और दोपहर के वक्त घर लौटा। वह पिताजी के पास खुद नहीं गया, बस, रसोईघर और हाल के बीच तब तक चक्कर लगाता रहा, जब तक पिताजी ने खुद उसे बुलाकर पत्र उसके हाथ में नहीं पकड़ा दिया। चन्द्रन ने पत्र खोला और पढ़ने लगा : ''...अखबार के संचालक मंडल में प्रभावशाली लोग हैं। जैसे जे.डब्लू. प्रभु और सर एन.एम. राव। इसकी एजेंसी लेना अच्छा रहेगा, लेकिन यह आसान नहीं होगा। अगर आप चन्द्रन को तुरन्त यहाँ भेज दें तो मैं देखूँगा कि अपने एक मित्र के द्वारा, जो मैंनेजिंग डायरेक्टर को जानता है, क्या किया जा सकता है...''

चन्द्रन ने दो दफ़ा पत्र पढ़ा, पिताजी को उसे वापस कर दिया और, जितना सम्भव था, उतने हलके ढंग से पूछा, ''आप इस बारे में क्या सोचते हैं?''

''आज ही मद्रास चले जाओ। मैं तुम्हारे चाचा को तार दे देता हूँ।''

''ठीक है।''

वह माँ के पास जाकर बोला, ''मैं आज मद्रास जा रहा हूँ।''

उसने चिन्तित होकर पूछा, ''कब तक लौटोगे?''

''दो-तीन दिन में, जैसे ही काम हो जाता है।''

''निश्चित रूप से?''

''हाँ, चिन्ता मत करो, माँ, मैं ज़रूर वापस आऊँगा।''

उसने तुरन्त अपना सामान ठीक करना शुरू कर दिया। जब वह अपने कमरे में बैठा था, और उसके कपड़े चारों तरफ़ बिखरे पड़े थे, पिताजी कई दफ़ा उसके लिए कुछ-न-कुछ लेकर भीतर आए। वे आधा दर्जन रूमाल भी उसे दे गए। ''मद्रास में तुम्हें इनकी ज़रूरत पड़ेगी।''

इसके बाद वे दो नई धोतियाँ लेकर आए। ''मेरे बक्से में और भी कई हैं।'' फिर वे एक ऊनी स्कार्फ़ लाए और चाचा को देने के लिए कहा। माँ ने आकर पूछा

कि रास्ते में खाने के लिए कुछ ले जाएगा? फिर उसने कहा कि चाची के लिए एक टोकरी सब्ज़ियाँ भेजूँ, तो ले जाएगा? चन्द्रन ने इसे ले जाने से साफ़ इनकार कर दिया। माँ ने कहा कि उसे टोकरी अपने सिर पर रख कर तो नहीं ले जानी पड़ेगी। चन्द्रन ने जवाब दिया—टोकरी-वोकरी वह ट्रेन से बाहर फेंक देगा।

पाँच बजे उसने शाम का खाना खा लिया और चलने को तैयार हो गया। उसका लोहे का बक्स और बिस्तर हॉल में लाया गया। माँ ने एक छोटी-सी टोकरी उसके सामान में रख दी। चन्द्रन ने इस पर एतराज़ जताया तो माँ ने टोकरी हाथ में उठाकर कहा, "देख तो, कितनी हलकी है! चाची के लिए कुछ सब्ज़ियाँ हैं। किसी के यहाँ खाली हाथ नहीं जाते।"

पिताजी, माँ और सीनू, तीनों उसे गाड़ी पर बिठाने स्टेशन गए। सीनू ने कहा, "ज़्यादा दिन मत लगाना। इस दफ़ा बिन्स मत भूलना।"

दूसरे दिन सवेरे जब ट्रेन मद्रास के एगमोर स्टेशन पहुँची, चन्द्रन ने खिड़की से देखा कि उसके चाचा उसे लेने आए हुए हैं।

चाचा करीब चालीस साल के थे, खुशमिजाज़ मोटे से आदमी, बाल सफ़ेद हो चले थे और बड़े से फ्रेम का चश्मा पहनते थे। वे व्यापार करते थे, साथ में बहुत-सी चीज़ों की दलाली, इसलिए शहर के प्रायः सभी महत्त्वपूर्ण व्यक्तियों से उनका परिचय था।

चन्द्रन डिब्बे से उतरा तो चाचा ने कहा, "इस दफ़ा मैं खुद इसलिए आया हूँ कि तुम फिर चकमा न दे जाओ।"

चन्द्रन का चेहरा लाल हो उठा। उसने कहा, "पिताजी ने आपके लिए स्कार्फ़ भेजा है।"

"तो उन्होंने यह मुझे दे ही दिया। लेकिन यह वही है या कोई और है?"

"गहरे नीले रंग का है।"

"तो वही है। कितने साल से मैं इसे माँग रहा था।"

एक कुली सामान उठाकर बाहर खड़ी कार में रख आया। चन्द्रन चाचा के साथ सामने की सीट पर बैठ गया।

"कैसी लगी यह कार?" चाचा ने पूछा।

"बहुत बढ़िया है।"

"अभी हाल में ही ली है...पुरानी एसेक्स से बदल ली।"

"अच्छा," चन्द्रन ने कहा। उसे अच्छा लग रहा था कि चाचा उससे बराबरी के लहज़े में बात कर रहे हैं, पहले की तरह मज़ाकिया ढंग से नहीं। अब तक वह उनसे बचने की कोशिश करता था। लेकिन अब उनसे बातचीत करने में उसे अच्छा लगा।

चाचा ने पूछा कि उसने इंग्लैंड जाने का इरादा क्यों छोड़ दिया? गाड़ी चलाते हुए वे लगातार बात करते रहे, और रास्ते की ट्रामों, गाड़ियों वगैरह को तेज़ी से काटते या ओवरटेक करते हुए, पैदल राहगीरों को पों-पों से डराते हुए आगे बढ़ते रहे।

वे लुज़ चर्च रोड के एक बंगले में रहते थे। चन्द्रन की चाची और चचेरे भाई-बहन एक बराबर की उम्र का, एक छोटा और एक लड़की—सब उसका स्वागत करने के लिए वरांडे में खड़े थे।

चाची बोली, "चन्द्रन कितना बड़ा हो गया है!" और चन्द्रन को लगा कि सचमुच वह काफ़ी लम्बा हो गया है।

"चाची, माँ ने तुम्हारे लिए एक टोकरी सब्ज़ी भेजी है।" इसके बाद उसने अपने बराबर के भाई पर नज़र डाली। वह बोला, "पिछली दफ़ा मैं ही तुम्हें लेने गया था।"

"ओह," चन्द्रन ने कहा और उसका चेहरा लाल हो उठा। उसकी पिछली यात्रा को लोग कब भूलेंगे?

"राजू, चन्द्रन का सामान अपने कमरे में ले जाओ और उसे बाथरूम दिखा दो," चाचा ने उससे कहा।

राजू उसे अपने कमरे में ले गया। चन्द्रन ने कोट उतारा, तो राजू ने फिर कहा, "पिछली दफ़ा मैं तुम्हें लेने गया था और प्लेटफार्म पर ढूँढ़ता रहा।"

चन्द्रन ने कोई जवाब नहीं दिया, और ट्रंक खोलकर तौलिया और साबुन निकाला, और सख्ती से कहा, "बाथरूम दिखा दो।"

वह जब अपने बाल काढ़ रहा था, चाची घुँघराले बालों और बड़ी-बड़ी आँखों वाली एक छोटी-सी बच्ची साथ लेकर आई, और बोली, "इसे जानते हो? अभी सोकर उठी है। बोली, एकदम चलकर मुझे दिखाओ।"

चन्द्रन ने बच्ची के गाल प्यार से थपथपाये। पूछा, "इसका नाम क्या है?"

"कमला।" चाची ने जवाब दिया।

"अच्छा, कमल...कमला!" चन्द्रन ने उसके गाल थपथपाने के लिए फिर हाथ बढ़ाया। बच्ची ने उसे घूरकर देखा और रोने लगी। चन्द्रन का हाथ रुक गया, वह सोचने लगा कि अब क्या करूँ। चाची बच्ची को वापस ले चली, "नए चेहरे नहीं समझ पाती। तुम्हें ज़रा जानने लगेगी तो ठीक हो जाएगी।"

ग्यारह बजे, भोजन के बाद, चाचा उसे कार में ले चले। कुछ देर बाद लिंगा चेट्टी स्ट्रीट पर एक चारमंज़िली इमारत के सामने पहुँचकर कार रुक गई।

चाचा के पीछे वह तीन-मंजिल सीढ़ियाँ चढ़कर ऊपर गया और एक गैलरी तथा शीशे का दरवाज़ा पार करके एक दफ्तर में घुसा। वहाँ फाइलों से लदी एक मेज़ पर एक आदमी बैठा था।

"नमस्कार, मुरुगेसम," चाचा ने कहा।

"हलो, हलो, आ जाओ," उस आदमी ने अपने सामने की फ़ाइल सरकाते हुए कहा।

चाचा बोले, "यह मेरा भतीजा है, जिसके बारे में तुमसे बात की थी। आप हैं श्री एस.टी. मुरुगेसम, इंग्लेंडिया लिमिटेड के जनरल मैनेजर।"

चन्द्रन ने हाथ मिलाते हुए कहा, "आपसे मिलकर प्रसन्नता हुई, सर!"

"बैठो," मुरुगेसम ने कहा।

चाचा और मुरुगेसम ने कुछ देर बात की, फिर चाचा उठ खड़े हुए। "अब मैं चलता हूँ। बारह बजे रेलवे के कुछ लोग मिलने आ रहे हैं। अब यह लड़का तुम्हारे हवाले है।"

"मैं पूरी कोशिश करूँगा।"

चाचा बोले, "कोशिश ही काफ़ी नहीं है। इसे वह दिलवाना है। यह ग्रेजुएट है, बड़े सरकारी अधिकारी का जो पेंशनर हैं, बेटा है। जितना पैसा लगेगा, दिया जाएगा। इस अखबार की खातिर इसने इंग्लैंड जाना छोड़ दिया है...यह तुम्हारे पास रहेगा। लौटते समय मैं ले जाऊँगा।" यह कहकर वे बाहर निकल गए।

मुरुगेसम ने घड़ी देखी और कहा, "दो बजे हम चलेंगे। आधा घंटा इन्तज़ार करना बुरा तो नहीं लगेगा?"

"नहीं, सर! आप जितना समय चाहे, लगायें।" चन्द्रन यह कहकर कुर्सी पर आराम से टिक गया। मुरुगेसम ने बहुत से कागज़ों पर दस्तख़त किए, उन्हें एक तरफ़ सरका दिया, फिर टेलीफ़ोन उठाकर कहा, "शिपिंग", फिर क्षण-भर इन्तज़ार करके बोले, "दामोदर्स को बता दो कि बृहस्पति को आधी रात से पहले "वाटरवे" लोड नहीं किया जा सकता। बृहस्पति की आधी रात। बैग अभी तक आ रहे हैं। शनिवार की शाम से पहले जहाज़ नहीं रवाना होगा। ठीक है? धन्यवाद!"

चन्द्रन मंत्रमुग्ध-सा उसे देखता रहा। यह पहली दफ़ा वह किसी व्यापारी को अपना कार्य करते देख रहा था। चन्द्रन के मन में मुरुगेसन के लिए इज़्ज़त पैदा हुई, दुबला-सा आदमी, लेकिन कितने बड़े कामों की नकेल थामे है। शायद जहाज़ चलने के लिए इसकी आज्ञा का इन्तज़ार करते हैं। इसे इतना व्यापार का ज्ञान कैसे प्राप्त हुआ? कितनी आय होगी इसकी? दस हज़ार? इतने पैसे का यह क्या करता होगा? इतने सारे काम करते हुए इसे पैसा खर्च करने और मौज करने का समय कब मिलता होगा? टेलीफोन की घंटी बज उठी। मुरुगेसन ने उसे उठा लिया और कहा, "ठीक है। उन्हें बता दीजिए कि समय पर सूचना मिल जाएगी। धन्यवाद।" और रिसीवर नीचे रख दिया। एक सहायक कुछ पत्र लेकर आया और उसके सामने रख दिए। मुरुगेसम ने उनपर कुछ लिखकर वे वापस लौटा दिए और कहा, "मैं बाहर जा रहा हूँ और आधे घंटे बाद आऊँगा। कोई ज़रूरी बात हो तो 'डेली मैसेन्जर' पर मुझसे सम्पर्क कर लेना।"

"यस, सर!"

"लेकिन हर बात के लिए मत करना। सिर्फ बहुत ज़रूरी कॉल्स के लिए।" फिर वह उठा और फ़र की टोपी पहन ली। चन्द्रन उसके वस्त्रों की सादगी देखकर चकित रह गया—वह धोती और लम्बा सिल्क का कोट पहने था और काले फ़र की टोपी लगाए था।

वह चन्द्रन को लेकर इमारत से बाहर निकला और कार में जा बैठा। पन्द्रह मिनट के करीब भीड़-भाड़ वाले इलाकों से गुज़रते हुए वे माउंट रोड पर एक सफेद रंग की इमारत के नीचे रुके, जिस पर बड़े-बड़े अक्षरों में "डेली मैसेन्जर" लिखा हुआ था। लिफ्ट से वे ऊपर गये और बड़े-बड़े हॉलों, टेढ़े-मेढ़े रास्तों और मेज़-कुर्सियों पर काम कर रहे ढेरों आदमियों के बीच से गुज़रते हुए वे एक कमरे के सामने रुके। दरवाज़े पर लाल रंग का पर्दा पड़ा था। उसे हटाकर मुरुगेसम भीतर गया। फाइलों से लदी एक मेज़ के सामने एक आदमी बैठा था। "हलो मुरुगेसम", उसने कहा। इसका रंग गुलाबी था, सिर पर बाल नदारद थे, और यह बिना फ्रेम का चश्मा पहने था। उसके सिर के ऊपर पंखा घरघरा रहा था।

"मैं इस लड़के को तुमसे मिलाने लाया हूँ," मुरुगेसम ने कहा।

उसने चन्द्रन के चेहरे पर एक ठंडी नज़र डाली और कहा, "तुम कल क्लब नहीं आए?"

"मैं आ नहीं सका। ह्वार्फ जाना पड़ गया।"

चपरासी एक विज़िटिंग कार्ड लेकर आया। गंजे आदमी ने इसे ध्यान से देखकर कहा, "अब आज इण्टरव्यू नहीं होंगे। कल डेढ़ बजे बुला लो।"

मुरुगेसम मेज़ के पार उसके पास गया और फुसफुसाकर कुछ देर बात की। वह घूमने वाली उसकी कुर्सी के, एक तरह से हत्थे पर बैठकर उससे बात करता रहा। चन्द्रन से बैठने को नहीं कहा गया, इसलिए वह असमंजस की स्थिति में खड़ा पीठ पर अपनी बाँहें बाँधे दीवाल की तरफ देखता रहा। गंजे आदमी ने अचानक चन्द्रन की तरफ देखा और पूछा, "आपके पिता कौन हैं?"

"एच. सी. वेंकटाचल अय्यर।"

"क्या थे?"

"डिस्ट्रिक्ट जज।"

"आई सी," गंजे ने कहा और मुरुगेसम की तरफ देखकर कहा, "मुझे पता नहीं, ये लोग एजेंसियों के बारे में क्या कर रहे हैं। शंकरन से बात करूँगा। बाद में तुम्हें बताऊँगा।"

मुरुगेसम ने इस पर असन्तोष-सा जताया और कहा, "यह नहीं चलेगा। शंकरन को बुलाओ और कहो कि यह करना है। तुम आदेश दे सकते हो।" उसकी कुर्सी

का हत्था छोड़कर वह दूसरी कुर्सी पर आ गया और बोला, "लड़का ग्रेजुएट है, अच्छे परिवार का है और जो भी सिक्योरिटी हो, देने को तैयार है। तुम्हारे अखबार के आकर्षण में इसने इंग्लैंड जाना छोड़ दिया है।"

"तुम इंग्लैंड क्यों जाना चाहते थे?" गंजे ने चन्द्रन की तरफ मुड़कर पूछा।

"डॉक्टरेट करने के लिए।"

"कहाँ?"

"लन्दन यूनिवर्सिटी में।"

"किस विषय में?"

"अर्थशास्त्र या राजनीति में," चन्द्रन ने पहली दफ़ा विषय का चुनाव करके उत्तर दिया।

"तुम हमारे अखबार के लिए क्यों काम करना चाहते हो?"

"यह मुझे पसन्द है, सर!"

"क्या? अखबार या एजेंसी?"

"दोनों, सर!"

"अगर तुम्हें एक ज़िला दे दिया जाए, तो, तुम्हें विश्वास है कि तुम वहाँ इसका सरकुलेशन बढ़ा सकोगे?"

"जी, सर।"

"कितना?"

चन्द्रन ने यह संख्या पाँच हज़ार बताई, और इसके समर्थन में मालगुडी का क्षेत्रफल, आबादी, और अंग्रेजी पढ़े लोगों की संख्या इत्यादि का हवाला भी दिया।

मुरुगेसम ने कहा, "यह अच्छी संख्या है।"

गंजे ने खुश्क मुस्कराहट से कहा, "आशावादी होना बुरा नहीं है।"

"आशा हो या न हो, तुम्हें इसे अवसर देना है," मुरुगेसम बोला।

गंजे ने कहा, "बात यह है कि मैं इन बातों मैं नहीं पड़ता। मैनेजर लोग ही सब करते हैं। मुझे तो पता भी नहीं कि वे क्या कर रहे हैं।"

"ठीक है, ठीक है," मुरुगेसम ने धीरज छोड़ते हुए कहा, "कभी-कभी तुम नियम तोड़ भी सकते हो और आदेश दे सकते हो कि क्या करना है। मेरी खातिर ही कर दो। मुझे दफ्तर वापस जाना है। जल्दी करो। शंकरन को बुलाओ।" उसने घंटी बजाई। चपरासी भीतर आया। मुरुगेसम ने कहा, "शंकरन को बुला लाओ।"

एक गुर्राता-सा आदमी भीतर आया, सिर हिलाया, सीधे जाकर कुर्सी पर बैठ गया, और बात करने के लिए गर्दन आगे बढ़ाई।

गंजे ने उससे पूछा, "दक्षिण के ज़िलों में क्या कुछ वेकेंसियाँ हैं?"

"नहीं। संवाददाताओं की?"

"एजेंसियों में?"

"हाँ, कुछ जगह हम एजेंट बदलना चाहते हैं।"

"तुम्हें मालगुडी चाहिए?" गंजे ने चन्द्रन की तरफ़ मुड़कर पूछा।

"यस, सर।"

शंकरन ने कहा, "हाँ, यह ज़िला भी है।"

गंजे ने कहा, "यहाँ की कुछ जानकारी मुझे दो।"

शंकरन ने घंटी बजाई, एक कागज़ पर कुछ लिखा और चपरासी को पकड़ा दिया। "इसे शास्त्री को दे आओ।"

चपरासी गया और कुछ ही मिनट बाद एक बूढ़े से आदमी के साथ लौट आया, जिसके हाथ में एक रजिस्टर था। उसने रजिस्टर शंकरन के सामने रखा, एक पन्ना खोलकर उसे दिखाया और आदरपूर्वक बगल में खड़ा हो गया।

अब मुरुगेसम ने कहा, "चन्द्रन, बैठ जाओ।"

गंजे ने भी कहा, "अरे हाँ, तुम खड़े क्यों हो? बैठ जाओ।"

चन्द्रन एक कुर्सी पर बैठ गया और एक-एक करके गंजे पर, शंकरन पर, पगड़ी बाँधे शास्त्री पर और मुरुगेसम पर नज़र डाली, फिर सोचा, 'मेरा भाग्य इन लोगों के हाथ में है। ये सब मेरे लिए अजनबी हैं, और मेरे भाग्य का फैसला कर रहे हैं। ऐसा क्यों है?'

शंकरन ने रजिस्टर देखकर कहा, "मालगुडी की एजेंसी के बारे में तथ्य ये हैं : पिछले प्रबन्धन के समय से यह आदमी एजेंसी चला रहा है। दो साल पहले तक सरकुलेशन 35 था, अब 25 रह गया है। एजेंसी के लिए अब तक ग्यारह अर्ज़ियाँ आ चुकी हैं, एक पुराने एजेंट की ही है जो कहता है कि अब नए ढंग से काम करके दिखाऊँगा। ज़िले का सरकुलेशन सात हज़ार तक बढ़ाया जा सकता है।"

"धन्यवाद," गंजे ने कहा, "यह फैसला कब कर रहे हैं?"

"मैं पहली तारीख तक इन्तज़ार करना चाहता हूँ।"

"अब देर करने की क्या ज़रूरत है? अगर कोई विशेष आपत्ति न हो तो एजेंसी इनको दे दीजिए। यह इसी समय सिक्योरिटी देने को तैयार है और अखबार के लिए जमकर काम करना चाहता है।"

शंकरन ने चन्द्रन पर नज़र डाली और गंजे से कहा, "सर, कुछ और अर्ज़ियाँ आ रही हैं।"

"उन्हें फाइल कर दो।"

"ठीक है, सर।" यह कहकर शंकरन उठा और चन्द्रन से बोला, "मेरे साथ आओ।"

शंकरन चन्द्रन को एक हॉल में ले गया जहाँ मेज़ों पर बहुत-से लोग बैठे काम कर रहे थे और उनके चारों तरफ गैली प्रूफों की भरमार थी।

वे हॉल के आखिर में एक जगह जाकर बैठ गये। शंकरन ने 'डेली मैसेन्जर' के बारे में एक छोटी सी स्पीच देनी शुरू की।'' 'डेली मैसेन्जर' अब वह पुराना अखबार नहीं रहा—जैसा यह साल-दो साल पहले था। साल भर में इसका सरकुलेशन आठ हज़ार से बढ़कर तीस हज़ार तक पहुँच गया है। इस प्रगति में सरकुलेशन विभाग और सम्पादकीय विभाग दोनों का योगदान है। जैसे हम दो पैरों पर चलते हैं, उसी तरह यह दोनों भी एकसाथ काम करते हैं।'' इस तरह मशीनों और लोगों के शोर के ऊपर वह करीब आधे घंटे तक बोलता रहा, जिसका अंत उसने यह धमकी देते हुए कहा कि अगर छह महीने में सच्ची प्रगति नहीं दिखाई दी, तो उससे एजेंसी लेकर किसी दूसरे को दे दी जाएगी।

चन्द्रन मालगुडी वापस आकर काम में लग गया। उसने मार्केट रोड पर सात रुपये महीना किराए पर एक छोटा-सा कमरा लिया और उसके दरवाज़े पर खूब बड़ा-बड़ा ''दि डेली मैसेन्जर—स्थानीय कार्यालय'' लिखवाकर एक शानदार बोर्ड लगा दिया, और दफ्तर में एक मेज़-कुर्सी और एक लम्बी बेंच रख दी।

दफ्तर में वह सवेरे ग्यारह बजे से पाँच बजे शाम तक बैठता और ऐसे व्यक्तियों की सूची तैयार करता रहता, जिन्हें ग्राहक बनाया जा सकता है। पहली सूची वह कम से कम पाँच सौ की बनाएगा, फिर ज़िले का दौरा करके और पाँच सौ इनमें शामिल करेगा। छह महीने तक वह इन एक हज़ार पर ही काम करेगा।

उसने एक कागज़ निकाला और उसपर नोट करना शुरू किया, कि प्रचार के लिए वह क्या तरीके अपनाएगा। लिखते हुए वह कई दफ़ा पेंसिल दाँतों में दबा लेता और मार्केट रोड पर चलते यातायात पर नज़र गड़ाकर सोचने लगता। चार दिन तक सड़क को देखते हुए गम्भीर चिन्तन करने के बाद उसने अभियान की पूरी योजना तैयार कर ली। उसने लिखा : ''बुलेटिन; नमूना, इण्टरव्यू; एडवांस'—पहले वह सूची में चुनकर लिखे हुए लोगों को बुलेटिन भेजेगा, फिर दो दिन तक अखबार की नमूना प्रति दो दिन तक निशुल्क भेजेगा, फिर उनसे व्यक्तिगत रूप से मिलकर बात करेगा, और अंत में एक महीने का चन्दा एडवांस में प्राप्त करेगा।

इसके बाद उसने 'बुलेटिन' पर काम करना शुरू किया। इसे ग्राहक की दृष्टि से चार भागों में बाँटा : सूचना, चित्रण, अपील और शक्ति।

'बुलेटिन एक' में उसने लिखा : 'श्री एच.वी. चन्द्रन, बी.ए., ने सी-96, मार्केट रोड पर मद्रास से प्रकाशित अग्रणी समाचार-पत्र ''डेली मैसेन्जर'' का स्थानीय कार्यालय खोला है, और वे आपको अपने परिवार तथा इष्ट मित्रों सहित यहाँ पधारने के लिए निमन्त्रित करते हैं।'

'बुलेटिन दो' में कहा गया : आप अविलम्ब ''डेली मैसेन्जर'' के ग्राहक क्यों बन जाएँ, इसके पाँच कारण इस प्रकार हैं : मद्रास प्रेसीडेन्सी में इसके तीस हज़ार ग्राहक हैं, और ज़ाहिर है कि इतनी बड़ी संख्या में लोग प्रतिदिन कोई गलती दोहराते नहीं रह सकते। हर रोज़ सवेरे अखबार भीतर गिरने की थड सुनकर जागकर शुभ होता है, और हम हर सुबह डी.एम. की यह पवित्र ध्वनि आपके कानों में पहुँचाकर आपको जगाने की व्यवस्था करने के लिए प्रस्तुत हैं–हमारा वितरक नियमित रूप से आपके घर की खिड़की से अखबार भीतर डाल दिया करेगा। हमारे समाचार-पत्र को संसार भर की सब समाचार भेजने वाली सेवाएँ उपलब्ध हैं, इसलिए अपने मालगुडी ज़िले में म्युनिसिपल कौंसिल के नवीनतम प्रस्ताव से लेकर सुदूर आइसलैंड में होने वाली राजनीतिक हत्याओं तक, सारी महत्त्वपूर्ण घटनाओं के सही-सही समाचार आपको तुरन्त प्राप्त होते रहेंगे। संस्कृति की सूचक व्यापक जानकारी तथा समाचार प्राप्त करते रहना ही है, और डी.एम. आपको राजनीति, अर्थनीति, साहित्य तथा खेलकूद, सभी विषयों के समाचार प्रदान करेगा; इनके अलावा इसके पत्रिका खंड में अन्य विषयों की जानकारी दी जाती है। रद्दी की दृष्टि से भी आपको एक आने का अधिकांश वापस मिल जाएगा; यदि इसकी सामग्री आपको पसन्द न आए तो एक रुपये मन के हिसाब से आप इसे स्थानीय दुकानदार को बेच भी सकते हैं।''

'बुलेटिन तीन' में कहा गया : ''अपनी मातृभूमि का पुत्र होने के नाते डी. एम. खरीदना आपका परम कर्तव्य है। आपका प्रत्येक आना दुर्बल भारतीय उद्योग की सहायता करता है। देश की राजनीतिक तथा आर्थिक उन्नति के लिए आपको यह अवश्य पढ़ना चाहिए।''

अन्तिम 'बुलेटिन चार' में मात्र ये शब्द कहे गए : ''यदि आप संकोच कर रहे हैं तो सुनिए : देर आयद दुरुस्त आयद। तुरन्त सी-96 मार्केट रोड पधारिए और अपनी प्रति ले जाइए; या हम स्वयं आपको घर भिजवा दें? आप आज जो कर सकते हैं, उसे कल पर कभी मत छोड़िए!''

ये बुलेटिन छपने के लिए उसने अपने दफ्तर से चार दुकान आगे, इतने ही बड़े एक कमरे में स्थित सत्य प्रिंटिंग प्रेस में दे दिये। यहाँ एक ट्रेडिल छपाई की मशीन, एक टाइप बोर्ड और एक कंपोज़ीटर मालिक के अतिरिक्त थे। उसने हफ्ते भर में बुलेटिन छापकर दे दिए। चन्द्रन ने उन्हें लिफ़ाफ़ों में भरा और सूची से देख-देखकर पते लिखे। उसने अखबार बाँटने के लिए तीन छोटे-छोटे बच्चे रख लिए थे और तीन सस्ती-सी साइकिलें खरीदकर उन्हें दे दी थीं। उसने शहर को तीन हिस्सों में विभाजित किया और बाँटने के लिए लिफ़ाफे उन्हें पकड़ा दिए। चारों बुलेटिन एक-एक दिन बाद उसने लोगों को बँटवाए।

इसके बाद उसने एक बैंड बजाने वालों के दल से बात की और मुहल्ले के

लड़कों को इकट्ठा करके शहर भर में बड़े धूम-धड़ाके के साथ जुलूस निकलवा दिया, जिसमें 'डेली मैसेन्जर' के शानदार प्ले कार्ड अखबार की विशेषताओं का बयान कर रहे थे।

इसके बाद उसने अखबार की सौ प्रतियाँ उन लोगों को मुफ़्त वितरित कीं जिन्हें बुलेटिन के पर्चे भेजे गए थे।

इन सब तैयारियों के बाद हर सुबह वह, अच्छी तरह शेव करके और चेक का बढ़िया सूट पहनकर अपनी साइकिल पर सवार होकर इन लोगों से मिलने जाता। मोहल्लों के हिसाब से वह लोगों से मिलता। उसने हिसाब लगाया कि अगर वह सवेरे आठ बजे से रात के आठ बजे तक, हर व्यक्ति को बीस मिनट देकर, मिलेगा तो एक दिन में करीब 36 व्यक्तियों को निबटा सकेगा।

हर घर में वह अपना कार्ड भेजता, और व्यक्ति जब निकलकर आता, उससे तपाक से कहता, "गुड मार्निंग, सर, आपको हमारा अखबार कैसा लगा?" बहुत जल्द वह बेचने की इस कला में माहिर हो गया, और दस मिनट में यह जानने में सफल हो जाता कि वह बिक्री की दृष्टि से किस श्रेणी में आता है। उसने मानवता को चार विभागों में बाँट दिया था : (1) ऐसे लोग जिन्हें नवीनतम समाचार जानने की इच्छा होती है और इसके लिए जो एक आना खर्च करने को तैयार हैं, (2) ऐसे लोग जो बासी खबरें पढ़कर सन्तुष्ट हो जाते हैं और पड़ोसी का अखबार माँगकर काम चला लेते हैं, (3) ऐसे लोग जो लाइब्रेरी जाकर अखबार पढ़ आते हैं, और (4) ऐसे लोग जिन्हें कई दफ़ा मिलकर तैयार किया जा सकता है।

इनमें से 1 और 4 संख्या वालों से देर तक बात करता, और 2 तथा 3 नम्बर वालों पर कुछ सेकिंड से ज़्यादा खर्च नहीं करता था।

वह क्लब के सेक्रेटरियों, लाइब्रेरी के सेक्रेटरियों, स्कूलों के हेडमास्टरों, वकीलों, डाक्टरों, व्यापारियों, ज़मीन के मालिकों, और शहर के सब पढ़े-लिखे आदमियों से उनके घर, दफ्तर और क्लब में जाकर मिला। जब कभी समय की कमी होती, तब वह कुछ लोगों से मिलने मोहन को भेज देता।

कुछ हफ्तों में उसका यह कार्यक्रम स्थिर गति से चलने लगा। हर सवेरे वह पाँच बजे उठता और साढ़े पाँच बजे मद्रास से आने वाली ट्रेन के लिए स्टेशन पहुँच जाता। यहाँ अखबार के बंडल लेकर वह साइकिल-सवारों के ज़रिए उन्हें सब दिशाओं में भेज देता। इसके बाद वह घर लौटता और ग्यारह बजे दफ़्तर जाता, जहाँ पाँच बजे शाम तक बैठता। यहाँ मोहन भी अपने समाचार भेजने के बाद आ जाता। अक्सर मोहन भी उसे नए बनने वाले ग्राहकों के पास भेजता : "मैंने आज एक मनोरंजक क्रिमिनल केस की रिपोर्ट भेजी है। कल के अखबार में विस्तार से आ जाएगी।" रिपोर्ट छपते ही चन्द्रन उसे लेकर सम्बन्धित व्यक्तियों से मिलता और उन्हें महीने

भर का पैसा देने के लिए तैयार करता, और अगर यह सम्भव न होता, तो वह उन्हें अख़बार की कुछ प्रतियाँ खरीदने के लिए ही तैयार कर लेता क्योंकि उसमें उसका नाम छपा था। कुछ लोग तो अपने नाम छपे देखकर इतने खुश होते कि दर्जन भर अखबार खरीद लेते। इस तरह हर रोज़ वह करीब आधा दर्जन फुटकर प्रतियाँ बेच लेता। मोहन अनेक विषयों पर समाचार भेजता था : जैसे एक्साइज़ के मामले, फुटबाल मैच, दुर्घटनाएँ, सब इंस्पेक्टरों द्वारा मनोरंजक किस्म की गिरफ्तारियाँ, आत्महत्या, हत्याएँ, चोरियाँ, एलबर्ट कॉलेज यूनियन में होने वाले भाषण, और वर्षोत्सव, चाय पार्टियाँ तथा विदाई समारोह जैसे सामाजिक उत्सव।

अपने अखबार के कारण चन्द्रन को दो साल बाद अपने पुराने कॉलेज जाने का अवसर मिला। मोहन ने यूनियन और कॉलेज दोनों को ग्राहक बना लिया था। एक दिन अचानक अखबार बाँटने वाला एक लड़का उसके पास आया और कहने लगा, "सर, कॉलेज के क्लर्क ने कहा है कि कल से अखबार मत लाना।"

"क्यों?"

"पता नहीं, सर। यूनियन ने भी बन्द कर दिया है।"

चन्द्रन इन लोगों से मिलने कॉलेज गया। यूनियन के क्लर्क ने उसे पहचान लिया और उसे पूछने लगा, "कैसे हो, मि. चन्द्रन?"

"ठीक हूँ। हाँ, मेरा लड़का कहता है कि तुमने अखबार लेना बन्द कर दिया है। इसका कारण पता है?"

"मैं नहीं जानता, सर! प्रेसीडेन्ट का आर्डर है।"

"इस साल प्रेसीडेन्ट कौन है?"

"हिस्ट्री प्रोफेसर राघवाचार," क्लर्क ने बताया।

यूनियन से वह कॉलेज गया, पुरानी परिचित दक्षिणी विंग में, जहाँ प्रोफ़ेसर राघवाचार का कमरा था। राघवाचार कमरे में ही कुछ लोगों की क्लास ले रहे थे, इसलिए वह वापस यूनियन लौट आया और घंटा पूरा होने का इन्तज़ार करने लगा। वह डिबेटिंग हॉल की गैलरी में जाकर बैठ गया; किसी ने उसकी परवाह नहीं की। एक-दो लड़कों ने ज़रूर उसे घूरकर देखा, और आगे बढ़ गए। इसी हॉल में बीसियों दफ़ा उसने प्रस्तावों पर भाषण दिए थे; तब हर कोई उसे ही देखता रहता था। उन दिनों में जब वह खाली वक्त में यहाँ आकर बैठता तो कितने सारे लोग उसे घेर लेते थे, किस तरह वे सब शोर-शराबा करते इधर-उधर घूमते-फिरते थे, और उन अजनबियों को, जो कभी-कभी यूनियन देखने यहाँ आते थे और डरते हुए से यहाँ घूमते थे, दया की दृष्टि से देखकर आगे बढ़ जाते थे। चन्द्रन सोच रहा था, "अब

यहाँ मेरे दिनों का कोई भी दिखाई नहीं देता, सब नए चेहरे हैं, एकदम अपरिचित। जब हम कॉलेज में थे, ये सब हाई स्कूल में रहे होंगे।...रामू, रामू! रामू की तलाश में मैं यहाँ कितनी दफ़ा आया हूँ। अगर किसी क्लास में कोई लेक्चर बोरिंग होता तो रामू क्लास से उठकर यहाँ आ जाता और कोई उपन्यास पढ़ने में या रीडिंग रूम में अपना समय बिता देता। वह कितना गहरा दोस्त था, लेकिन शायद लोग बदल जाते हैं। रामू के साथ समय कितनी जल्दी बीत जाता था। वह दुनिया की हर बात और चीज़ पर टिप्पणी करता रहता था।...अगर किसी दोस्त से उसे सच्चा प्यार था तो खत लिखना चाहिए था, खास तौर पर जब कोई अच्छी खबर हो, जैसे नौकरी मिलना। नज़र से दूर तो दिमाग़ से भी दूर–यह तो मित्रता का गुण नहीं है। सच्चाई यह है कि दोस्ती नाम की कोई चीज़ ही नहीं है...।''

चन्द्रन गैलरी से उठा और दीवाल पर लगे ग्रुप फोटोज़ देखने लगा। आपकी सब रुचियाँ, खुशियां, परेशानियाँ, उम्मीदें, सम्पर्क, और अनुभव ग्रुप फोटोज़ में सिमट कर आ जाते हैं, चन्द्रन सोच रहा था। जब आप कॉलेज में होते हैं, सोचते हैं कि आप जैसे लोग कॉलेज में न कभी हुए, न कभी होंगे, लेकिन ग्रुप फोटोज़ में ये सब खत्म हो जाते हैं–इस वक्त यहाँ घूमते-फिरते हँसते-खिलखिलाते ये लोग अभी नहीं जानते कि शीघ्र ही ये सब ग्रुप फोटोज़ में बन्द कर यहाँ टाँग दिए जाएँगे।...वह 1931 के छात्रों के ग्रुप फोटो के सामने जाकर खड़ा हो गया। अँगूठों के बल उचक कर उसने ये चेहरे देखने की कोशिश की। कई चेहरे परिचित नज़र आए लेकिन नाम नहीं याद आए। अब ये सब कहाँ होंगे? उसे अपने बहुत कम साथी मिलते थे, हालाँकि चार साल तक कुल मिलाकर ये दो सौ थे। कहाँ चले गए ये? पानी की बूँदों की तरह बिखर गए। अब वे व्यापारी, वकील, हत्यारे, पुलिस इस्पेक्टर, क्लर्क, अफ़सर और पता नहीं, क्या-क्या बन गए होंगे। कुछ इंग्लैंड चले गए होंगे, कुछ की शादियाँ और बच्चे भी हो गए होंगे, कुछ खेती करने लगे होंगे, कुछ बीमार, बेकार या दुनिया भी छोड़ चुके होंगे, सब ज़िन्दगी के जाल में जकड़े, जैसे कोई बैल भयंकर साँप से लिपटा हुआ...

इनमें था वीरस्वामी, क्रान्तिकारी। वह नदी के किनारे एक ही दफ़ा मिला था, जैसे किसी मुर्दे में क्षण भर के लिए जान पड़ गई हो। वह क्रान्ति और उसके लिए सेना और प्राकृतिक चिकित्सा की बातें कर रहा था। कहाँ होगा अब वह? क्या कर रहा होगा?...सामने की पंक्ति में नटेसन बैठा था, यूनियन का सेक्रेटरी, हमेशा मीटिंगें आयोजित करता, शिकायतें करता और गुत्थियाँ सुलझाता। चन्द्रन को अहसास हुआ कि इम्तहान के बाद उसके बारे में कुछ भी नहीं सुनाई दिया था; वह देश के किस भाग का निवासी था, इसका भी पता नहीं था। अच्छा दोस्त था, हमेशा मदद के लिए तैयार और मिल-जुलकर चलने वाला; उसकी सहायता के बिना हिस्टारिकल

एसोसिएशन कुछ भी नहीं कर पाती। कहाँ गया वह? आत्महत्या तो नहीं कर ली? क्या अखबार में विज्ञापन दिया जाए : ''नटेस, मेरे दोस्त! कहाँ हो तुम?''

घंटी बजी। चन्द्रन राघवाचार से मिलने चला। कॉलेज के वरांडों में बहुत से छात्र आ-जा रहे थे। ज़्यादातर नए चेहरे।'' कम-से-कम हमारे ज़माने के लोग तगड़े तो होते थे; ये सब बहुत पिद्दी लग रहे हैं। कुछ चेहरे उसने पहचान भी लिए, जो उसके ज़माने में एकदम जूनियरों में थे, लेकिन अब सीनियर बन गए हैं।'' उन्होंने भी यह पहचान कर मुस्कराहटें फेंकीं और चन्द्रन को इससे खुशी हुई।

वह राघवाचार के कमरे में घुसा। वे अपनी कुर्सी पर बैठे थे और अपना चश्मा केस में बन्द कर रहे थे।

''गुड मार्निंग, सर,'' चन्द्रन ने कहा। लगता था कि प्रोफ़ेसर की हड्डियाँ कुछ ढीली पड़ गई हैं। चन्द्रन सोचने लगा कि उन दिनों इनसे वह कितना आतंकित रहता था। उन्होंने चश्मे का केस खोला, चश्मा फिर से निकालकर लगाया और आगन्तुक पर नज़र डाली। वे चन्द्रन को पहचान नहीं पा रहे थे।

''बैठो,'' उन्होंने कहा और फिर पहचानने की कोशिश की।

''सर, आपने मुझे पहचाना नहीं?''

''क्या तुम कभी यहाँ पढ़ते थे?''

''जी, सर, 1931 में। मैं हिस्टारिकल एसोसिएशन का पहला सेक्रेटरी था। मेरा नाम एच.वी. चन्द्रन है।''

''एच.वी. चन्द्रन,'' प्रोफेसर ने सोचते हुए नाम दोहराया। ''हाँ, हाँ, याद आ गया। कैसे हो तुम? अब क्या कर रहे हो? बात यह है कि हर साल दो सौ छात्र यहाँ से निकलते हैं। कई दफ़ा उन्हें याद रखना मुश्किल होता है।''

चन्द्रन सोच भी नहीं सकता था कि राघवाचार इतनी नरमी से बोल सकते हैं। उन दिनों तो उनकी आवाज़ कई क्लासों में सुनाई देती थी।

''क्या कर रहे हो, चन्द्रन?''

चन्द्रन ने बताया और फिर अपने आने का उद्देश्य स्पष्ट किया।

''यूनियन क्लर्क को बुलाओ,'' प्रोफ़ेसर ने कहा। क्लर्क आया तो उन्होंने पूछा, ''यह ''डैली मैसेन्जर'' क्यों बन्द कर दिया?''

''प्रेसीडेन्ट का एक आर्डर निकला था कि कुछ अखबार बन्द कर दिए जाएँ,'' क्लर्क ने उत्तर दिया।

''और तुमने 'डेली मैसेन्जर' बन्द कर दिया, है न?'' राघवाचार गुर्राये। उनकी आवाज़ की चीते जैसी भयंकरता अभी कम नहीं हुई थी। ''यूनियन में कौन सा अखबार लिया जाता है?''

'''एडवरी डे पोस्ट', सर।''

यह नाम सुनकर चन्द्रन कुछ उत्तेजित हो उठा। यह अखबार तो उसका जानी दुश्मन था; यह न होता तो वह पन्द्रह दिन में हज़ार ग्राहक बना लेता। उसने कहा, 'पोस्ट'—यह तो प्लेनेट न्यूज़ सर्विस भी नहीं लेता, सर।"

"यह बात है?" राघवाचार ने पूछा।

"जी, सर। यह बी.के. प्रेस एजेंसी की "सी" श्रेणी के समाचार ही लेता है।"

"दोनों में बहुत फर्क है?"

"जी, सर। मैं इसलिए नहीं कह रहा क्योंकि मैं "मैसेन्जर" का एजेंट हूँ। आप 'मैसेन्जर' की खबरों से 'पोस्ट' की ख़बरों का मिलान कर लें, दोनों का फ़र्क आपको पता चल जाएगा। बी.के. एजेंसी प्लेनेट की आधी भी नहीं है और इसकी 'सी' सर्विस तो सबसे कम समाचार देती है—'ए' और 'बी' उससे अच्छी हैं। हमारा अखबार इनकी 'ए' और 'बी' सर्विसें और पलानेट की 'फर्स्ट ग्रेड' सर्विस लेता है, जिससे वह सभी समाचार देता है।"

"फिर भी बहुत से लोग "पोस्ट" ही लेते हैं," राघवाचार ने कहा।

"अब नहीं लेते, अब वे सब "मैसेन्जर" लेने लगे हैं। "पोस्ट" का सरकुलेशन गिरकर दो हज़ार हो गया है। पहले कभी दक्षिण का यह अकेला अखबार था, इसलिए ज़्यादा चलता था।"

राघवाचार क्लर्क की तरफ मुड़े और आज्ञा दी, "कल से 'मैसेन्जर' लेना शुरू कर दो। 'पोस्ट' बन्द कर दो।"

चन्द्रन जाने को उठा तो प्रोफेसर ने कहा, "मैं तुम्हारी सफलता की कामना करता हूँ। मिलते रहा करो। तुम छात्रों को हमारी याद रखना आसान होता है, हमारे लिए सभी छात्रों को याद रखना आसान नहीं। इसलिए, भूलना मत।"

"हरगिज़ नहीं, सर," चन्द्रन ने कहा और उसी क्षण फैसला किया कि हर हफ्ते मिलने आया करेगा।

कॉलेज लाइब्रेरी के क्लर्क ने उसे बताया कि रीडिंग रूम के इंचार्ज गजपति हैं। चन्द्रन कॉमन रूम गया और अपना कार्ड भेजकर इन्तज़ार करने लगा। बैठे-बैठे वह सोचता रहा कि गजपति फिर डाउडेन और ब्रैडले पर हमला तो शुरू नहीं कर देंगे।

"हलो, हलो, चन्द्रन, मुद्दत हो गई तुम्हें देखे। क्या कर रहे हो आजकल?" गजपति ने तपाक से उसका स्वागत किया—कंधे पर हाथ रखकर थपथपाया। चन्द्रन उसके इस अन्दाज़ से चकित रह गया, पहले कभी उसने ऐसा दोस्ताना नहीं दिखाया था, न उससे उम्मीद की जा सकती थी। इस बात के अलावा गजपति में और कोई अन्तर नज़र नहीं आ रहा था। वही बदरंग फ्रेम का चश्मा पहने था और नीचे गिरती उसकी मूँछें थीं।

जब चन्द्रन ने अपने आने का उद्देश्य बताया, गजपति ने कहा, "अगर यूनियन

में 'मैसेन्जर' लिया जा रहा है तो यहाँ उसे नहीं लिया जा सकता, क्योंकि प्रिंसिपल का आदेश है कि दोनों रीडिंग रूम्स के अखबार और पत्रिकाएँ एक नहीं होने चाहिए।"

"लेकिन, सर, 'पोस्ट' लेना तो पैसे की बरबादी है। उसमें तो ख़बरें होती ही नहीं हैं। उसकी तार-सेवाएँ तो बिलकुल बेकार हैं और उसके संवाददाता भी हमसे आधे हैं।"

"जो भी हो, यह प्रिंसिपल का आदेश है।"

"और आप मेरा अखबार क्यों नहीं पढ़ते, सर?"

"मैं? मैं तो अखबार पढ़ता ही नहीं।"

चन्द्रन यह सुनकर दंग रह गया–"खबरें आपको कैसे प्राप्त होती हैं, सर?"

"खबरों का मुझे क्या करना है?"

ज़ाहिर था कि उसे शेक्सपियर और उसके आलोचकों से ही फुरसत नहीं थी।

"सर, अगर इसे आप मेरा बड़बोलापन न समझें तो आपको अखबार की आदत डालनी चाहिए। मुझे यकीन है कि आपको मेरा अखबार पसन्द आएगा। फिर आपको इसके बिना कभी चैन ही नहीं पड़ेगा।"

"ठीक है, फिर भेजना शुरू कर दो। चन्दा क्या है?"

"ढाई रुपये महीने, और अखबार आपके दरवाज़े पर पहुँच जाया करेगा।"

गणपति ने पर्स निकालकर पैसे दिए और कहा, "यह लो एक महीने का चन्दा। मेरा पता है..."

"थैंक्यू, सर। रसीद मैं कल भिजवा दूँगा।"

"रसीद-वसीद की बातें मत करो। मैं तो यही चाहता हूँ कि मेरे छात्र उन्नति करें। उनसे मिलकर खुशी होती है।"

चन्द्रन को इस तथ्य का पता नहीं था, यह बात सुनकर वह बहुत प्रभावित हुआ। उसने कहा, "आप कभी मेरे दफ्तर में पधारें, सर!"

"अरे, ज़रूर, कहाँ है?"

चलने से पूर्व चन्द्रन ने उसे प्रसन्न करने के विचार से कहा, "सर, कॉलेज छोड़ने के बाद मैंने काफी पढ़ना शुरू कर दिया है।"

"बड़ी अच्छी बात है। क्या पढ़ रहे हो?"

"कुछ शेक्सपियर और विक्टोरियन निबन्धकार। लेकिन कहानी-उपन्यास में वर्तमान लेखक सर्वोत्तम हैं। आपका क्या ख्याल है, सर, पुराने उपन्यासकारों की तुलना में वैल्स, गाल्सवर्दी और हार्डी बेहतर नहीं हैं?"

उत्तर देने से पहले गजपति ने कुछ सोचा, फिर कहा, "मैं ईमानदारी से सोचता हूँ कि अठारहवीं शताब्दी के बाद पढ़ने लायक कुछ भी नहीं है। जिसे अच्छे साहित्य की समझ है, उसे एलिज़ाबेथ-युग के बाद का कुछ भी पसन्द नहीं आएगा। यह सब तो कूड़ा है।"

"गाल्सवर्दी कैसा है, सर?"

"थकाने वाला।"

"और वैल्स और हार्डी?" चन्द्रन ने आँखें फाड़कर पूछा।

"वैल्स सामाजिक विचारक है, उसे साहित्यकार कहना गलत होगा। वह कुछ झक्की भी है। और हार्डी? उसे ज़रा ज़्यादा ही इज़्ज़त दी गई है; हाँ, 'टैस' के कुछ हिस्से अच्छे हैं।"

चन्द्रन समझ गया कि समय ने गजपति के विचारों पर कोई प्रभाव नहीं डाला है। वह सोचने लगा कि वैल्स, गाल्सवर्दी, हार्डी और ऐसे ही बहुत से लेखकों का एक अपरिचित शत्रु यहाँ बैठा है।

चलने से पहले उसने फिर विनती की, "सर, कभी मेरे दफ्तर ज़रूर आएँ।"

एक दिन शाम को पाँच बजे, जब चन्द्रन अपने दफ़्तर में बैठा रसीदों पर दस्तखत करके उन्हें अपने ग्राहकों को भेजने के लिए लिफ़ाफों में बन्द कर रहा था, उसके पिता ने कमरे में प्रवेश किया। चन्द्रन ने कुर्सी पीछे सरकाई और उठ खड़ा हुआ; उसे आश्चर्य हो रहा था, क्योंकि वे बहुत कम यहाँ आते थे। वे दफ्तर शुरू होने के पहले दिन यहाँ आए थे, और दूसरी दफ़ा एक मित्र के साथ आए थे, और माफ़ी के स्वर में यह स्पष्टीकरण दिया था कि उनके मित्र चन्द्रन से मिलना चाहते हैं; अब यह तीसरी बार उनका आगमन हो रहा था।

"चन्द्रन, बैठो, परेशान मत होओ," यह कहते हुए वे बेंच पर बैठने लगे। लेकिन चन्द्रन ने कुर्सी उनकी तरफ़ बढ़ाकर उन्हें उस पर बिठा ही दिया।

पिताजी ने चारों तरफ एक नज़र डाली और पूछा, "काम कैसा चल रहा है?"

"पिताजी, जमने लगा है। समस्या सिर्फ पैसा लेने में आती है। अगर मैं खुद जाऊँ, तो लोग दे देते हैं, लड़के जाएँ तो टरकाते रहते हैं। मैं हर सवेरे साढ़े तीन सौ लोगों के पास तो नहीं जा सकता। मुझे अलग से इसके लिए आदमी रखना पड़ेगा। अब रख सकता हूँ, आमदनी होने लगी है।"

"हेड आफ़िस के लोग तुम्हारे काम से खुश हैं?"

"होना चाहिए। छह महीने में मैंने पचास ग्राहक हर महीने के हिसाब से बना लिए हैं, लेकिन उन्होंने कुछ लिखा नहीं है, जो अच्छा लक्षण है। इससे ज़्यादा उनसे आशा भी नहीं करनी चाहिए। अगर काम ठीक नहीं होगा तो बॉस लोग चिल्लाने लगेंगे, ठीक होगा तो चुप रहेंगे, कहेंगे नहीं।"

"ठीक कहते हो। सरकारी नौकरी में भी यही होता है। कभी काम की तारीफ़ करनी होगी तो मन मार के करेंगे।"

फिर थोड़ी देर चुप्पी रही। अचानक पिताजी बोले, "मैं एक काम से आया हूँ। तुम्हारी माँ ने भेजा है।"

"माँ ने?"

"हाँ, वे यह बात तुम्हें बताना चाहती हैं। खुद कहने में उन्हें परेशानी महसूस होती है। इसलिए मुझे भेजा है।"

"क्या बात है, पिताजी?"

"लेकिन मैं तुम्हें साफ़ बता देना चाहता हूँ कि इसमें मेरा कोई हाथ नहीं है। मैंने तुम्हारी पीठ पीछे कुछ नहीं किया है। इसकी पूरी ज़िम्मेदारी तुम्हारी माँ पर है।"

"क्या बात है, पिताजी?"

"देखो...वो जयराम अय्यर हैं न, तालपुर के मशहूर वकील, उन्होंने कुछ दिन पहले अपनी बेटी की कुंडली भेजी थी...और सभ्यता के नाते बदले में तुम्हारी कुंडली उन्हें भेज दी गई थी। कल उनका खत आया है कि दोनों कुंडलियाँ खूब अच्छी मिलती हैं, और क्या यह सम्बन्ध हमें मंज़ूर होगा। मैं तो इस बात को और आगे बढ़ाना नहीं चाहता था, लेकिन तुम्हारी माँ ने ज़ोर दिया कि तुम्हें यह बता तो दिया ही जाए, और निर्णय तुम पर ही छोड़ दिया जाए। उन्होंने गणपति शास्त्रीगल के ज़रिए हमसे सम्पर्क किया है।"

चन्द्रन नीचे ज़मीन को घूरता रहा। पिताजी कुछ देर बाद बोले, "मैंने सुना है, लड़की पन्द्रह बरस की है। उन्होंने फोटो भी भेजा है। सुन्दर है। तुम चाहो तो फोटो देख सकते हो। उन्होंने लिखा है कि काफ़ी गोरी है। वे दहेज में तीन हज़ार रुपये और भेंट वगैरह देंगे।"

वे चन्द्रन के उत्तर की प्रतीक्षा कर रहे थे। चन्द्रन ने सिर उठाकर उन्हें देखा। वे ज़रा सकपकाये, उनके माथे पर पसीने की बूँदें उभर आईं और उनकी आवाज़ भी काँपने-सी लगी। चन्द्रन को अपने पिता पर दया आई। उनके लिए यह बातचीत और इसके लिए की गई तैयारी कितनी मुश्किल रही होगी। वे एक क्षण शान्त बैठे रहे, फिर अचानक उठते हुए बोले, "मैं अब चलता हूँ। क्लब जाना है।"

चन्द्रन ने उन्हें दरवाज़े से बाहर निकलते देखा, और छड़ी के सहारे सड़क पर आगे बढ़ते हुए उनकी पीठ देखता रहा। उसे अचानक महसूस हुआ कि उसने कोई जवाब नहीं दिया है, और इसे वे स्वीकृति समझकर झूठी उम्मीदें बाँध सकते हैं। यह कितनी बुरी बात होगी! उसने चपरासी को जो पड़ोसी की दुकान के आगे बैठा था। बुलाया, उसे दफ्तर में रहने के लिए कहा, और फुर्ती से साइकिल उठाकर पिताजी जिस दिशा में गए थे, उस ओर चल पड़ा। पिताजी ज़्यादा दूर नहीं गए थे। चन्द्रन उन तक पहुँच गया।

"बात करनी है?"

"हाँ, पिताजी।"

पिताजी की चाल धीमी हो गई, और चन्द्रन ज़मीन की ओर देखते हुए उनके साथ चला। "पिताजी आप इतनी दूर चलकर मेरे पास आए...लेकिन मैं आपको बता दूँ कि मैं शादी नहीं करूँगा।"

"ठीक है, चन्दर, तुम परेशान मत होओ।"

चन्द्रन कुछ दूर और उनके साथ चला, फिर बोला, "वापस जाऊँ, पिताजी?"

"हाँ।"

चन्द्रन साइकिल पर सवार हो रहा था कि पिताजी बोले, "मैंने तुम्हारे दफ्तर में देखा, कागज़ और चिट्ठियाँ मेज़ पर खुले पड़े थे। हवा चलेगी, तो उड़ जाएँगे। मुझे घर पर याद दिलाना, कुछ पेपरवेट तुम्हें दे दूँगा।"

वह दफ़्तर लौट आया और कुछ और रसीदों पर दस्तख़त करने की कोशिश करने लगा। उसके पिताजी ने यहाँ आकर एक बन्द ढक्कन खोल दिया था, जिसके भीतर आग की लपटें भरी थीं। पुरानी बातें फिर याद आकर उसे परेशान करने लगीं। उसने बड़ी कोशिश करके जो सन्तुलन प्राप्त किया था, वह भयंकर रूप से नष्ट हो गया और उसे दुखी करने लगा।

वह और ज़्यादा रसीदों पर दस्तखत नहीं कर पाया। उसने सामने पड़े लिफ़ाफे और रसीद बुक एक तरफ सरका दीं, मेज़ पर कुहनियाँ रखने की जगह बनाई, हाथों पर सिर रखकर बैठ गया और सामने दीवाल की तरफ घूरने लगा।

मोहन छह बजे वहाँ आया। उसने अपनी टोपी मेज़ की तरफ उछाल दी और मेज़ के सामने रखी बैंच पर बैठ गया, जिससे चन्द्रन की नज़र से दीवाल गायब हो गई।

उसने मशीनी ढंग से पूछा, "नई खबर क्या है?"

"कुछ खास नहीं। हमेशा की तरह घिसी-पिटी बातें, लेक्चर और खेल और आत्महत्या। मैं इस्तीफ़ा देने की सोच रहा हूँ।"

वह दुखी लग रहा था।

"अब क्या हुआ?" चन्द्रन ने पूछा।

"क्या नहीं हुआ! मैंने यह काम इसलिए लिया था कि इसके ज़रिए मैं साहित्य की दुनिया में जगह बना सकूँगा, और फिर इसे छोड़ दूँगा। और इससे हुआ क्या है? रिपोर्टिंग ने मुझे निगल डाला है। सवेरे से रात तक मैं शहर भर में घूमता हूँ, दूसरे लोगों के काम देखता हूँ, और शाम को होटल में जाकर सो जाता हूँ। एक लाइन भी कविता लिखने की प्रेरणा नहीं मिलती। चार महीने से मैंने कुछ भी नहीं लिखा है। पत्रिका में मेरी जो चीज़ें तुम देखते हो, सब पुरानी रचनाएँ हैं। कलम उठाता हूँ तो यही लिख पाता हूँ, कि आज जिस केस में फैसला दिया गया, वह अपराध उसने उस दिन किया था...।"

"मैं बहुत भूखा हूँ," चन्द्रन ने अचानक कहा। "किसी होटल में चलें?"

"चलो।"

होटल से बाहर निकले तो मोहन का मूड बदल चुका था। अब वह अपने पुराने मूड की आलोचना कर रहा था। उसने कहा, "अगर मैंने कुछ नहीं लिखा तो दोष मेरा ही है। मुझे अपनी योजना में इसे शामिल करना चाहिए।"

सिगरेट पीते हुए वे नदी की तरफ चले। वहाँ नल्लप्पा की झाड़ी पर पहुँचकर नदी पार की, कुछ दूर गए, फिर पीछे लौटकर रेत पर बैठ गए। मोहन बात करता रहा और योजना बनाकर काम करने के इरादे से अपने को सन्तोष देता रहा। उसने कविता की परिभाषा में भी परिवर्तन किया, कहा कि अगर व्यक्ति अपने मन को सही ढंग से संचालित करे, तो समाचार के पैराग्राफ लिखने में भी उसे कविता का आनन्द मिल सकता है। सीमाएँ संकरी नहीं होनी चाहिए। जीवन का सही संश्लेषण किया जाना चाहिए।

जब मोहन अपने कविता-सम्बन्धी नए विचारों का प्रतिपादन कर चुका, तब चन्द्रन ने धीरे से कहा, "आज पाँच बजे शाम पिताजी एक विवाह का प्रस्ताव लेकर आए थे।" कवि की परेशानियाँ एकदम गायब हो गईं या वह उन्हें भूल गया। वह शान्ति से चन्द्रन के प्रस्ताव का विवरण सुनता रहा। और मोहन कुछ कह भी नहीं सकता था। जिस ढंग से चन्द्रन बोल रहा था, उससे यह अन्दाज़ नहीं लग पा रहा था कि उसका झुकाव किस ओर है : हमेशा की तरह वह प्रेम, विवाह और स्त्रियों की आलोचना कर रहा था लेकिन उसके शब्दों में पहले जैसी गरमी नहीं थी। मोहन तय नहीं कर पा रहा था कि यह उसके भाव-परिवर्तन का सूचक है, या कष्ट और क्रोध से उत्पन्न जड़ता का? चन्द्रन ने अपनी कहानी समाप्त करते हुए कहा, "...और मैं पिताजी के पीछे दौड़कर यह बताने गया कि अब यह संभव नहीं है।"

चन्द्रन चुप हो गया। मोहन ने कोई टिप्पणी नहीं की। कुछ देर तक नदी के जल की सतह पर बरगद की शाखाओं की छपछप ही सुनाई देती रही।

"उन्होंने क्या प्रतिक्रिया दी?"

"कोई भी नहीं। वे पेपरवेट की बात करने लगे। अब मेरी समस्या है—मैं क्या करूँ, मैं नहीं जानता...नहीं जानता। मैं माँ से भी यह सब करने के लिए नाराज़ नहीं हो सकता। पहले ही बहुत हो चुका हूँ।"

"तो इसे भूल जाओ। इसकी चिन्ता करने की ज़रूरत ही नहीं है।"

"लेकिन पिताजी और माँ पर मुझे दया आती है। कितनी कोशिश में लगे हैं? इस सबमें ऐसा कुछ है जो बहुत करुण लगता है।"

मोहन कहने लगा, "मैं यह नहीं समझ पा रहा, कि अब जब तुमने पिताजी

से बड़ी नरमी से यह कह दिया है कि यह संभव नहीं है, तो तुम चिन्ता क्यों कर रहे हो? तुम यही बात क्यों करते चले जा रहे हो, यह मैं समझ नहीं पा रहा।"

"ठीक कहते हो तुम। इसका फैसला हो गया है। अब कुछ और बात करें।"

कुछ और बात–यह क्या हो, समझ में नहीं आ रहा था। इसलिए दोनों चुप हो गए।

"वापस लौटें?" मोहन ने पूछा।

"हाँ," चन्द्रन ने कहा, लेकिन वह उसी तरह चुप बैठा रहा, उठने की कोशिश ही नहीं की। पन्द्रह मिनट तक मोहन नदी की आवाज़ सुनता रहा, और चन्द्रन रेत में गोले बनाता रहा।

फिर अचानक चन्द्रन ने पूछा, "मेरी जगह तुम होते तो क्या करते?"

"यह कैसे कहा जा सकता है? तुम खुद मेरी जगह होते तो क्या करते?" मोहन ने प्रतिप्रश्न किया।

चन्द्रन ने अब सीधा सवाल किया, "ईमानदारी से बताओ कि मुझे क्या करना चाहिए।"

"अगर लड़की देखने में बुरी नहीं है, और अगर दहेज में भी कुछ मिल रहा है, तो शादी क्यों नहीं कर लेते? तुम्हें कुछ पैसा मिल जाएगा और एक स्थायी साथी सहायक भी मिल जाएगा।"

चन्द्रन ने इस पर टिप्पणी की कि उसने बड़ी खुरदरी और गद्य जैसी बात कही है। इसलिए ताज्जुब नहीं कि वह कविता नहीं लिख पाता।

मोहन को बात चुभ गई। वह बोला, "प्रेम हो तो शादी करना ठीक है, नहीं हो तो पैसे और आराम के लिए ही कर लेना चाहिए। ज़िन्दगी की सच्चाइयों से आँखें मूँद लेना सही नहीं है। मैं तो निर्दय यथार्थ में विश्वास करने लगा हूँ।" इस शब्द का अचानक उसने आविष्कार किया था और यह उसे बहुत प्रिय लगा। उसने इस विषय पर छोटा-सा भाषण भी दे डाला।

उसने अब तक इस बारे में कुछ नहीं सोचा था। अब चूँकि यह शब्द बन ही गया था, वह इसमें पूरी तरह विश्वास भी करने लगा। उसने इसे अपना व्यक्तिगत दर्शन ही बना लिया। शुरू में उसने इस पर पाँच मिनट ही भाषण दिया, फिर वह इसका प्रचारक हो गया। उसने अन्य सब दर्शनों को चुनौती देना शुरू कर दिया और माँग करने लगा कि मानवता के समग्र चिन्तन में 'निर्दय यथार्थवाद' को अधिक स्थान दिया जाना चाहिए।

इस समय भी वह उत्तेजना की सीमा पर पहुँच गया और चन्द्रन से निर्दय यथार्थपूर्वक कहने लगा : "मैं नहीं समझ पाता कि तुम इतने अच्छे प्रस्ताव को क्यों नहीं स्वीकार करते? तुम्हें तीन हज़ार की मोटी रकम मिल रही है, साथ में सुन्दर

लड़की, जो तुम्हारे बटन टाँकेगी, कपड़े सियेगी, जब तुम अखबार बाँटने बाहर जाओगे, तब तुम्हारी मेज़-कुर्सी की धूल साफ़ करेगी, और कमरे में तुम्हारे लिए गर्मागर्म कॉफ़ी लेकर आएगी। सबसे अच्छी बात तो यह होगी कि हमेशा मीठी आवाज़ में बोलने वाला कोई तुम्हारे साथ रहेगा।"

चन्द्रन ने इसमें जोड़ा, "और माता-पिता भी खुश हो जाएँगे।"

"ठीक कहा।...तो 'हर मेजेस्टी मीठी आवाज़ वाली' जिन्दाबाद!" मोहन ज़ोर से बोला।

"हिप, हिप, हुर्रे!"

निर्दय यथार्थवादी ने अब प्रश्न किया, "अब तुम मेरे कुछ प्रश्नों का उत्तर दोगे?"

"हाँ।"

"बिलकुल ईमानदारी से देना और सच बोलना। मैं तुम्हारे दिल की जाँच करूँगा।"

"ठीक है, पूछो," चन्द्रन ने कहा।

"तुम अब भी मालती के बारे में सोचते हो?"

"मैंने अपने दिमाग को बदल लिया है। अब वह किसी और की पत्नी है।"

"तुम्हें अब भी उसकी याद प्यारी लगती है?"

"मैं प्यार में विश्वास नहीं करता। मेरे दर्शन में इसका अस्तित्व नहीं है। प्यार जैसी कोई चीज़ नहीं है। मैं अगर अपने माता-पिता के प्रति निर्दय नहीं हूँ, तो इसका कारण कृतज्ञता है, और कुछ नहीं। अगर मैं अपनी पत्नी से दुर्व्यवहार नहीं करूँगा, तो इसलिए कि मैं सभ्य होना चाहूँगा। जिसे हम प्यार कहते हैं, वह सभ्य आचार का अभ्यास मात्र है, प्रेम नहीं है। प्रेम नाम की कोई वस्तु नहीं है।"

"तो इस बात से तुम्हें कोई अन्तर नहीं पड़ना चाहिए कि तुम किससे विवाह करते हो, तो जिससे विवाह करने से तुम्हारे माता-पिता प्रसन्न होंगे, कुछ धन भी मिलेगा, और तुम खुद भी अच्छा कमा रहे हो, उससे तुम्हें विवाह क्यों नहीं कर लेना चाहिए?"

इस प्रश्न का चन्द्रन के पास कोई उत्तर नहीं था। वह देर तक इसकी जुगाली करता रहा, फिर बोला, "अच्छा, टॉस कर लेते हैं।"

वे उठे और रेत का मैदान पार करके नार्थ स्ट्रीट के छोर पर म्युनिसपैलिटी की एक लालटेन के पास चले गए। लालटेन की पीली रोशनी गोल होकर ज़मीन पर पड़ रही थी। चन्द्रन ने जेब से एक ताँबे का सिक्का निकाला। मोहन ने उसका हाथ पकड़ लिया और कहा, "इसे जेब में रख लो। चाँदी के सिक्के से करेंगे। शादी का मामला है यह।" मोहन ने चाँदी की चवन्नी निकाली, दायें हाथ की अँगुली पर रखा और बोला, "करूँ?"

"करो। चित्त की हाँ।"

"ठीक।"

मोहन ने सिक्का उछाला। वह ऊपर उछलकर रोशनी के केन्द्र में जा गिरा। दोनों देखने लगे। मोहन चिल्लाया, "चित्त! अब तुम्हें वादा पूरा करना है। आह...हा।"

"अच्छा?" चन्द्रन की आवाज़ में कम्पन था। "ठीक है, अगर लड़की सुन्दर हुई तो...सिर्फ इसी शर्त पर...।"

"यह तो वह होगी ही," मोहन ने कहा और सिक्का ज़मीन से उठाकर जेब में रख लिया।

पाँच दिन बाद एकदम सवेरे चन्द्रन अपनी माँ के साथ रेल में सवार तालपुर चला जा रहा था। वहाँ उसे लड़की देखनी थी और अन्तिम उत्तर देना था।

वह बार-बार माँ से कह रहा था, "अगर लड़की मुझे पसन्द न आए तो उन्हें बुरा तो नहीं लगेगा?"

"हरगिज़ नहीं। मेरी शादी के लिए तीन-चार लोग देखने आए और देखकर वापस चले गए थे।"

चन्द्रन ने माँ की ओर देखकर पूछा, "उन्होंने तुम्हें पसन्द नहीं किया?"

माँ बोली, "यह सब भाग्य होता है। तुम्हारी शादी उसी से होती है जिससे लिखी है, और उसी समय होती है, जो निश्चित है। जब समय आता है, बदशक्ल लड़की भी देखने वाले को सुन्दर लगने लगती है।"

"मेरे लिए यह नहीं चलेगा," चन्द्रन ने प्रतिवाद किया, "मैं कुरूप लड़की से कभी शादी नहीं करूँगा।"

"सुन्दर और कुरूप सब आँखों का खेल है। हरेक की अलग नज़र होती है। नहीं तो दुनिया की इन कुरूप लड़कियों की शादियाँ कैसे हो जाती हैं?"

चन्द्रन को अब सन्देह होने लगा, "माँ, आप यह तो नहीं कह रहीं कि लड़की सुन्दर नहीं है?"

"बिलकुल नहीं। उसे खुद देखना और फैसला करना। फोटो भी तुम्हारे पास है।"

"फोटो में तो सही लगती है, लेकिन यह कैमरे की ट्रिक भी हो सकती है।"

"अब कुछ ही घंटे बाकी हैं। खुद देखना और बताना कि हाँ या ना...।"

"लेकिन माँ, इतनी दूर देखने के लिए जाएँ और बाद में ना कर दें। यह तो अच्छा नहीं लगेगा।"

"यह भी कोई बात नहीं। परम्परा यही है। लड़की शादी के लायक हो जाए तो दस जगह उसकी कुंडली भेजी जाती है, दस लोग उसे देखने आते हैं और हाँ या ना करते हैं, या कभी-कभी लड़की ही मना कर देती है; और आखिर में एक ही से शादी होती है। मेरी शादी से साल भर पहले एक डाक्टर मुझसे शादी करना

चाहता था, कुंडलियाँ भी मिल गई थीं; फिर लड़का भी मुझे देखने आया, लेकिन उसकी सूरत मुझे पसन्द नहीं आई और मैंने अपने पिताजी से कह दिया कि इससे शादी नहीं करूँगी। इसके बाद तुम्हारे पिता का प्रस्ताव आया, उन्होंने मुझे देखकर पसन्द कर लिया, फिर पिताजी ने मुझसे पूछा कि इससे शादी करेगी, तो मैंने "ना" नहीं की। यह सब कहीं ऊपर तय होता है, कौन लड़की किससे और कौन लड़का किस लड़की से शादी करेगा..आदमी खुद नहीं तय करता।"

वे शाम को चार बजे तालपुर पहुँच गए। अठारह साल के एक लड़के ने डिब्बे में झाँककर पूछा, "आप मालगुडी से आ रहे हैं?"

"हाँ," चन्द्रन ने कहा।

"मैं श्री जयराम अय्यर का बेटा हूँ। नौकर से आपका सामान उठाने को कहूँ?"

"हम साथ कुछ नहीं लाए हैं। सात बजे की गाड़ी से हम वापस चले जाएँगे," चन्द्रन बोला।

चन्द्रन और उसकी माँ ने एक-दूसरे की ओर एक नज़र डाली। उसमें कहा गया, "यह लड़की का भाई है।" चन्द्रन ने लड़के को दोबारा देखा और लड़की की कल्पना करने की कोशिश की। यदि उसकी शक्ल भी भाई की तरह हो...। लड़का काला और गँवार-सा था। यह भी हो सकता है कि सगा भाई न हो...चचेरा या कुछ और हो! चन्द्रन ने मुँह खोला, और वह पूछने ही वाला था, कि जयराम अय्यर तुम्हारे पिता हैं, लेकिन उसने अपने ऊपर नियंत्रण कर लिया और यह प्रश्न पूछा : "तुम श्री जयराम अय्यर के बड़े बेटे हो?"

"मैं उनका दूसरा बेटा हूँ," लड़के ने उत्तर दिया। लेकिन इस उत्तर से लड़की की शक्ल-सूरत पर कोई प्रकाश नहीं पड़ा, हालाँकि चन्द्रन पता नहीं क्यों, यह सोच रहा था कि पड़ जाएगा।

लड़का उन्हें बाहर कार तक ले गया। जल्द ही वे घर पहुँच गए।

वहाँ श्री जयराम अय्यर तथा उनकी पत्नी ने उनका स्वागत किया। उन्होंने भी एक तरह से लड़के को ऊपर से नीचे तक उसे जाँचने की ही दृष्टि से देखा, और चन्द्रन भी अपने भावी सास-ससुर को परखने की कोशिश कर रहा था। जयराम अय्यर अधेड़ उम्र के व्यक्ति थे, बाल सफेद होने लगे थे, चेहरा भावपूर्ण था। लेकिन वे भी काले ही थे, लेकिन माँ काफ़ी गोरी थीं—इसलिए चन्द्रन ने सोचा कि लड़की इन दोनों का मिश्रण यानी भावुक चेहरे और साफ़ रंग की हो सकती है।

और घंटे भर बाद जब उसने लड़की को देखा तो उसे यह सोचकर अच्छा लगा कि उसका अनुमान सही था। उसे दिखाने के लिए हाल में लाने में माता-पिता को बड़ी परेशानी हो रही थी। शर्म से बिलकुल सिकुड़ी, शर्माती, वह बड़ी देर बाद कमरे से निकल कर काँपती हुई हॉल में आई और क्षण-भर में लौट जाने को तैयार दिखी।

चन्द्रन की पहली प्रतिक्रिया यह हुई कि उधर देखे ही नहीं। कुछ सेकिंड वह दीवाल पर लगी एक तस्वीर की तरफ़ देखता रहा, लेकिन अचानक उसे याद आया कि वह यहाँ लड़की को ही देखने आया है, उसके अलावा किसी और चीज़ को नहीं। यह निश्चय करके उसने अपना सिर घुमाया और सीधे लड़की की तरफ़ देखने लगा। वह नीले रंग की साड़ी पहने थी। कानों और गले में हीरे लटक रहे थे। उसके दिमाग का एक हिस्सा कहने लगा, "शरीर की बनावट तो बहुत अच्छी है," और उसका दिंल इतनी तेज़ी से धड़का कि उसे लगा, यह बन्द हो जाएगा। 'चेहरा भी काफी बढ़िया होना चाहिए, लेकिन मैं देख ही नहीं पा रहा, क्योंकि वह तो ज़मीन की तरफ ही देख रही है।' उसका मन हुआ कि दाहिनी तरफ बैठे जयराम अय्यर से, जो इस पवित्र अवसर पर फ़िजूल की बातें किए जा रहे हैं, चिल्लाकर कहूँ, कि "लड़की से मुँह ऊपर उठाने को कहिए, सर, मैं देख ही नहीं पा रहा हूँ।"

लेकिन जयराम अय्यर ने खुद ही कहा, "बेटी, शर्माओ मत। पास आओ।"

लड़की बहुत नर्वस हो रही थी और संकोच से गड़ी जा रही थी। अब चन्द्रन के मन में उसके लिए सहानुभूति जाग उठी। वह कहने लगा, "सर, उसे परेशान मत कीजिए। जहाँ है, वहीं रहने दीजिए।"

"ठीक है," जयराम अय्यर ने कहा।

इसी क्षण लड़की ने ज़रा-सा सिर उठाया और चन्द्रन की तरफ एक नज़र फेंकी। चन्द्रन को भी उसका मुँह दिखाई दे गया। उसका चेहरा दिव्य था : इसमें कोई सन्देह नहीं था। उसने मन ही मन मालती के चेहरे से इसे मिलाने की कोशिश की, और सोचने लगा कि उसमें ऐसी क्या खास बात देखी कि उसके लिए वह पागल हो उठा था।...

जयराम अय्यर ने बेटी से कहा, "वीणा पर एक गीत गाकर तो सुनाओ।" चन्द्रन ने देखा कि वह नर्वस थी। वह फिर उसकी मदद के लिए बोल पड़ा, "सर, उसे तकलीफ़ न दें। मैं बुरा नहीं मानूँगा। वह नर्वस हो रही है।"

उसके पिता ने कहा, "नर्वस नहीं है। बहुत अच्छा बजाती है, और गाती भी है।"

"मुझे यह सुनकर अच्छा लग रहा है, सर, लेकिन इस वक्त सुनाना मुश्किल हो सकता है। किसी और दिन उसका गाना सुनूँगा।"

जयराम अय्यर ने मनोरंजन के भाव से उसकी तरफ़ देखा और कहा "ठीक है।"

चन्द्रन भारी दिल लिए बंगले से बाहर निकला और कार पर जाकर बैठा। अपने होने वाले साले को 'गुड बाय' कहते हुए, जब उसकी ट्रेन तालपुर स्टेशन से मालगुडी रवाना हो रही थी, वह रोने को हो आया।

माँ ने गाड़ी में बैठने के बाद पूछा, "तुम्हें लड़की पसन्द आई?"

"हाँ, माँ," उसने उत्साहपूर्वक जवाब दिया, "तुमने उनसे यह कह दिया?"

"हम उनसे तब तक कुछ नहीं कह सकते जब तक वे खुद पूछने न आएँ।"

चन्द्रन ने निराशा के भाव से कहा, "ये बेकार के रिवाज हैं। मुझे सख्त नापसन्द हैं। इनसे बेकार समय बरबाद होता है। हम उन्हें कल ही तार क्यों नहीं भेज देते?"

"धीरज रखो, धीरज। हर काम अपने समय पर होता है।"

"लेकिन अगर वे पूछने न आयें?"

"आएँगे। दो-तीन दिन बाद खुद आएँगे या लिखेंगे।"

चन्द्रन ने दुखी होते हुए कहा, "मुझे श्री जयराम अय्यर को बता देना चाहिए था कि मुझे लड़की पसन्द है।"

माँ ने सन्देह करते हुए पूछा, "तुमने कहीं कह तो नहीं दिया?"

"नहीं, माँ।"

'चन्द्रन, धीरज रखो। हर काम ढंग से होने दो।"

चन्द्रन पीछे पीठ करके बैठ गया, अपने को भाग्य पर छोड़ दिया और खिड़की से बाहर देखने लगा।

फिर उसने माँ से पूछा, "तुम्हें लड़की अच्छी लगी?"

"हाँ, सुन्दर है।"

"आवाज़ ठीक है? ठीक से बात करती है?"

"बिलकुल ठीक करती है।"

"समझदारी से करती है?"

"हाँ, हाँ। लेकिन मेरे सामने बहुत कम बोली। मैं उसकी होने वाली सास हूँ न?"

"किस दर्जे में पढ़ रही है?"

"छठे में।"

"पढ़ने में कैसी है?"

"उसकी माँ कहती थी कि क्लास में बहुत अच्छी है।"

"उसके पिताजी कह रहे थे कि वीणा बजाती है और गाती भी बहुत अच्छा है।...माँ, नाम क्या है!"

"सुशीला," माँ ने कहा।

"यह तो मैं जानता हूँ," चन्द्रन ने कहा, "मैं तो उसके घर का कोई नाम हो तो उसे जानना चाहता था।"

"उसकी माँ ने उसे एक-दो बार इसी नाम से बुलाया।"

पूरे सफ़र में 'सुशीला' नाम संगीत की तरह चन्द्रन के मन में बजता रहा। सुशीला, सुशीला, सुशीला। उसका नाम, संगीत, चेहरा, देहयष्टि, सभी कुछ दिव्य है। सुशीला, सुशीला–'मालती' नाम तो इसके सामने बिलकुल बेकार है। बोलने में ज़बान टेढ़ी करनी पड़ती है। उसे ताज्जुब हुआ कि लोग वह नाम क्यों पसन्द करते थे।

पन्द्रह दिन बाद विवाह की सूचना का समारोह सम्पन्न हुआ। जयराम अय्यर कुछ लोगों के साथ मालगुडी आए। चन्द्रन के बंगले पर उनका स्वागत और खाना-पीना हुआ। बहुत-से अतिथियों को निमन्त्रित किया गया और उनके सामने शुभ मुहूर्त में जयराम अय्यर उठकर खड़े हुए और उन्होंने एक गेरुए रंग के कागज़ से पढ़कर सुनाया कि परमपिता परमात्मा की असीम कृपा से चन्द्रन, अमुक-अुमक का पुत्र, सुशीला, अमुक-अमुक की पुत्री के साथ अमुक तिथि पर, आज से दस दिन पश्चात्, विवाह के पवित्र बंधन में बँधेंगे।

इसके बाद वाले दिन बड़ी व्यस्तता से पूर्ण थे। इनमें विवाह की तैयारियाँ हो रही थीं इसलिए चन्द्रन को 'डेली मैसेन्जर' बड़ी बाधा लगने लगा। चन्द्रन को रोज़ बहुत से स्थानों पर बार-बार जाना पड़ रहा था, जैसे दर्ज़ी के यहाँ, सुनार के यहाँ, सिल्क की दुकानों पर और मुद्रक के यहाँ।

सुनहरे किनारों वाले बढ़िया कागज़ पर निमन्त्रण पत्र छापकर हज़ार से ज़्यादा लोगों को मालगुडी शहर में और उसके बाहर भेजे गए। अपने दफ्तर में बैठकर इनके पते लिखते समय चन्द्रन को एक बार फिर विचार आया कि उसके दोस्त पता नहीं कहाँ-कहाँ चले गए हैं। वह चाहता था कि हरेक को निमन्त्रित करे और कोई भी न छूटे। लेकिन बड़ी मुश्किल से वह एक दर्जन साथियों के ही पते निकाल पाया, जो कभी-कभी शहर में ही मिलते रहते थे; कुछ और चेहरे याद तो आए लेकिन उनके पते नहीं प्राप्त हो सके। रामू, वीरस्वामी और नटेसन को निमन्त्रण न भेज पाने का दुख उसे बरदाश्त नहीं हो रहा था। रामू के बारे में उसे यह तो ज्ञात था कि वह बम्बई में है, लेकिन उसका पता नहीं मिल सका। और नटेसन कहाँ है, यह ईश्वर ही जानता था। वीरस्वामी? 'वह किसी जेल में राजनीतिक कैदी हो सकता है, या अब वह रूस में भी हो सकता है।'

लेकिन मोहन ने कहा, "वह किसी दफ़्तर में मामूली क्लर्क भी हो सकता है।"

"उसकी सेना का क्या हुआ?"

"मालूम नहीं। कुछ साल पहले एक या दो दफ़ा वह मुझसे मिलने होटल आया था, फिर कभी नहीं देखा।"

चन्द्रन बोला, "हो सकता है, उसकी सेना में कई लाख सैनिक भरती हो गए हों और सरकार का तख्ता पलटने की कोशिश करें।"

सनकी कवि ने कहा, "नहीं, यह ज़्यादा संभव है कि वह कहीं पुलिस का जासूस बनकर काम कर रहा हो।" उसने फिर कहा, "मुझे ठीक से कुछ पता नहीं। कई महीने या सालों पहले वह यहाँ मेरे साथ आकर ठहरा था।"

इससे चन्द्रन की यादों का सिलसिला एक बार फिर शुरू हो गया। बहुत-बहुत सारी शामों पहले; चन्द्रन, मोहन और वीरस्वामी; मालती वाली शामें; पागलपन के

दिन...सुशीला में जो चमक है वह मालती में नहीं थी...। नहीं, अब और नहीं, उसने अपने को रोका, अपने को बताया कि इस तरह दोनों की तुलना करना गलत है; यह बहुत बुरी बात है, पाप है। उसने अपने को बताया कि बदले की भावना से वह यह तुलना कर रहा है...बेचारी मालती! उसका क्या दोष है? बेचारी, उसके गुण अलग थे, और सुशीला उससे भिन्न है।

"क्या सोचने लगे तुम?" मोहन ने पूछा।

"पोस्टमास्टर, मदुरम का वह पोस्टमास्टर...उसे भी कार्ड भेजना चाहिए। पता नहीं, उसे मेरी याद भी होगी या नहीं?

जब चन्द्रन शादी के लिए तालपुर गया मोहन उसका काम देखता रहा। लौटकर आया तो वह बिलकुल बदल गया था। उसके मन में सुशीला ही थी, शरीर में चन्दन और चमेली की खुशबू, पवित्र अग्नि की चमक, रोशनियाँ, संगीत के स्वर, हँसी-मज़ाक और खुशियाँ...

इसके बाद महीने भर तक मोहन चन्द्रन के एकालाप सुनता रहा : "पहले दिन वह मुझसे बात करने में भी शर्मा रही थी। तीसरे दिन जाकर कुछ शब्द फूटे। लेकिन जब मैं लौटा, खूब बात करने लगी थी। पहले सभी शर्माती हैं। बहुत समझदार लड़की है, बहुत अच्छी बातें करती है। मैंने पूछा कि मैं उसे कैसा लगता हूँ, तो मेरी तरफ तिरछी नज़र से देखकर मुस्करा दी। बड़ी शैतान नज़र से देखती है। उसने वादा किया है कि एक दिन छोड़कर खत लिखेगी, अंग्रेज़ी तो बहुत अच्छी लिखती है...।"

इसके बाद दफ्तर का ज़्यादा समय वह सुशीला को चिट्ठियाँ लिखने और उसकी चिट्ठियाँ पढ़ने में बिताने लगा। कम-से-कम साल भर तक उसे इन चिट्ठियों के सहारे ही ज़िन्दगी बितानी थी। मोहन के साथ उसकी बातों का विषय भी ये चिट्ठियाँ ही होती थीं। "आज उसने मुझे बहुत बढ़िया खत लिखा है, मुझे पहली दफ़ा "माई ओन डार्लिंग" कहकर सम्बोधित किया है। मैंने उसे पिछले खत में पन्द्रह हज़ार चुम्बन भेजे थे, उसने मुझे बीस हज़ार भेजे हैं...।" या "मैंने उसे जो सिल्क के कपड़े भेजे थे, वे उसे बेहद पसन्द आए हैं। उसने लिखा है कि ये तो अद्‌भुत हैं।" या, अपनी भीतरी जेब को हाथ लगाकर, जिसमें वह उसका एकाध पत्र हमेशा रखता था, कहता : "कहती है कि मुझे अपने स्वास्थ्य का बहुत ज़्यादा ध्यान रखना चाहिए...कि मुझे सवेरे इतनी जल्दी नहीं उठना चाहिए। उसने मेरे व्यापार के बारे में भी पूछा है और ग्राहक बढ़ने की शुभकामना भेजी है। वह चाहती है कि 'डेली मैसेन्जर' स्वस्थ और दीर्घजीवी बने। उसमें मज़ाक का गुण बहुत अच्छा है।"

दो महीने बाद एक शाम चन्द्रन अपने दफ़्तर में बहुत उदास बैठा था। मोहन आया और बेंच पर बैठकर पूछने लगा, "क्या बात है?"

चन्द्रन ने मरा-गिरा सा अपना चेहरा ऊपर उठाकर कहा, "आज भी कोई ख़त नहीं आया। छठवाँ दिन है। पता नहीं, क्या बात हुई?"

"शायद इम्तहान की तैयारी कर रही होगी, या ऐसी ही कुछ बात होगी। कल शायद तुम्हें खत मिल जाए।"

"मुझे तो नहीं लगता," चन्द्रन बोला। उसे निराशा ने घेर लिया था। "यह पहली दफ़ा है जब इतने दिन से उसका खत नहीं आया।"

मोहन भी परेशान हो उठा। इस तरह की समस्या से उसका पहली दफ़ा सामना हो रहा था।

चन्द्रन बोला, "मैं फ़िक्र न करता, लेकिन वह बीमार थी। पिछले खत में उसने लिखा था कि उसे तेज़ जुकाम हो गया है। हो सकता है, इस वक्त बुखार में तड़प रही हो। पता नहीं, किस तरह का बुखार है।"

"मलेरिया हो सकता है," मोहन ने समस्या सुलझाने की कोशिश की।

"छह दिन तक, लगातार!" चन्द्रन उदासी से हँसा। "मैं कुछ और नहीं सोचना चाहता। पता नहीं उसके घरवाले ठीक से देखभाल भी कर रहे हैं या नहीं। मुझे खुद जाकर देखना चाहिए...मैं अभी घर जा रहा हूँ, छह बजे वाली ट्रेन पकड़ लूँगा। कल सवेरे तालपुर पहुँच जाऊँगा। जब तक लौटूँ, दफ्तर का काम देखते रहना...।"

"ठीक है," मोहन ने दुखी प्राणी से कहा।

"बहुत धन्यवाद। मैं जल्दी लौटने की कोशिश करूँगा," चन्द्रन बोला और उठा खड़ा हुआ। वह सड़क पर आया, स्टेंड से साइकिल उठाई और मोहन से बोला, "मैंने परची पर दो पते लिख दिए हैं। अगर ये पैसे नहीं देते तो लड़के से कहना कि अखबार बन्द कर दे।"

जब वह साइकिल पर बैठकर चलने को हुआ, मोहन दौड़कर बाहर आया और बोला, "सुनो, मैं इसलिए यह नहीं कह रहा हूँ क्योंकि मैं काम नहीं करना चाहता या तुम्हारा दफ्तर मुझे पसन्द नहीं है, लेकिन तुम इतनी खतरनाक बातें क्यों सोच रहे हो—सिर्फ इसलिए कि पत्र नहीं आए और जुकाम की बात उसने कही है?"

चन्द्रन को यह बात पसन्द नहीं आई, वह उछलकर साइकिल पर चढ़ा और तेज़ी से पैडल मारना शुरू कर दिया। मोहन कुछ देर उसे जाते देखता रहा, फिर हाथ झटक कर भीतर चला गया। लेकिन कवि का काम सवाल पूछना-भर है, उसका उत्तर देना नहीं है।

❑❑❑